인생의 승부는 아침에 결정된다

인생의 승부는
아침에 결정된다

결과를 내는 사람들의 52가지 아침 습관

센다 다쿠야 지음
채숙향 옮김

아침에 힘겹게 일어나는 시절에는

인생도 힘겹다.

아침에 상쾌하게 일어나는 시절에는

인생도 상쾌하다.

지금 당신이 행복한 인생을 살고 있는지
불행한 인생을 살고 있는지를 한 번에 알 수 있는 방법이 있다.
오늘 아침 잠에서 깬 순간을 떠올려 보면 된다.

아침에 일어나는 게 불행한 사람은

불행한 인생을 살고 있는 것이다.

아침에 일어나는 게 행복한 사람은

행복한 인생을 살고 있는 것이다.

당신이 행복한 인생을 살고 싶다면,
행복하게 일어날 수 있으면 된다.
행복하게 일어날 수 있으려면 어떻게 해야 좋을지 생각하는 것이
행복한 인생을 사는 비결이다.

행복하게 일어나는 비결을
스스로 발견한 사람이야말로 인생의 승리자다.

내 인생을 돌아봐도
아침에 힘겹게 일어나던 시절에는 인생도 힘겨웠다.
아침에 상쾌하게 일어났던 시절에는 인생도 상쾌했다.
예외는 없었다.

이 세상에 태어난 이상 행복해지고 싶었던 나는
진지하게, 그리고 끊임없이
행복한 인생을 살기 위한 방법을 생각했다.
그 결과 도달한 결론이
아침에 상쾌하게 일어날 수 있는 아이디어를 내는 것이었다.

아침에 상쾌하게 일어나는 것이

인생을 호전시키는 열쇠라는 사실을 깨달았던 것이다.

잠은 인생의 덤이 아니다.

잠이야말로 인생의 중심이라고 생각하기 바란다.

상쾌하게 잠에서 깨는 나'만'의 방법을 실천할 수 있어야

비로소 행복한 인생을 살 수 있는 것이다.

'태초에 잠에서 깨니'인 것이다.

시험 삼아 현재 당신 주변의 행복해 보이는 사람들을

차분히 관찰해 보길 바란다.

한 사람의 예외도 없이 매일 아침 상쾌하게 일어나고,

피부에는 윤기가 흐르고 있지 않은가.

그들과 친해져 이야기를 들어 보면 모두

상쾌하게 일어나기 위한 철학을 갖고 있을 것이다.

이 책에서는 지금까지 내가 만난 행복한 성공자들과

또 나 자신의 경험을 토대로

멋지게 잠에서 깨기 위한 지혜를 공개했다.

이 책을 계기로 부디 상쾌한 기상을 위한

당신'만'의 방법을 찾아내길 바란다.

— 미나미 아오야마(南青山) 서재에서, 센다 다쿠야

인생의 승부는 아침에 결정된다

/

차례

1
아침에 행복하게 일어나는 사람이 인생의 승자다

2
비즈니스는 아침에 결정된다

3
공부의 성패는 아침에 결정된다

4
인간관계는 아침에 결정된다

5
연애는 아침에 결정된다

6
인생의 승부는 아침에 결정된다

chapter
1

아침에 행복하게 일어나는 사람이 인생의 승자다

— 01 —

이른 기상이 성공의 비결이라면,
신문 배달부는 모두
엄청난 부자가 되었을 것이다

아침 일찍 일어나는 것이 좋다고 하지만, 일찍 일어나는 것 자체를 목적으로 삼는 것은 잘못된 생각이다.

실제로 무작정 '일찍 일어나면 성공할 수 있다'고 믿는 몇몇 사람들을 만난 적이 있다. 제대로 쉬지도 못하면서 몸을 혹사시켜 새벽 4시에 기상하는 사람들 말이다. 현실을 있는 그대로 말하면, 그들 모두는 여전히 가난하다. 가난한 것도 모자라, 건강을 해쳐 몸이 망가진 사람도 여럿 보았다.

일찍 일어날 것을 추천하는 책을 쓰며 이런 말을 해서 송구스럽지만, 일찍 일어나야 성공할 수 있다면 신문 배달부들은 지금쯤 다 엄청난 부자가 되었을 것이다. 물론 그중에는 정말 부자가 된 사람도 있겠지만, 그 비율이 다른 직업과 비교해서 독보적으로 높다는 이야기는 들은 적이 없다.

진짜 행복해지고 싶다면 수단과 목적을 혼동해서는 안 된다. '일찍 일어나면 성공한다'는 게 아니라

'자연스럽게 일찍 일어날 만큼 좋아하는 일에 몰두하면 성공할 가능성이 높아진다'는 것이다.

여기에서 특히 중요한 게 '자연스럽게'라는 부분이다. 자연스럽게 일찍 일어날 수 있어야 한다. 그러려면 자기가 좋아하는 일

을 하면서 살아야 한다. 자기가 좋아하는 일을 하면 자연스럽게 생활의 리듬도 앞당겨진다. 그럼 결과적으로 일찍 일어날 수밖에 없다.

두근대는 가슴 때문에 저도 모르게 아침 일찍 일어났던 기억을 누구나 가지고 있을 것이다. 나도 마찬가지다. 내 경우에는 초등학교 시절 소풍날 아침이 떠오른다. 소풍날 아침에는 아직 밖이 어둑어둑한데도 눈이 번쩍 뜨였다. 잠에서 깨어서는 지난밤 미리 싼 배낭을 다시 열어 보면서 깜박하고 간식을 안 넣은 것은 아닌지 정성껏 체크하곤 했다. 그리고 어렴풋이

'매일 이렇게 살면 좋을 텐데⋯⋯'

라고 생각했었다. 학교를 졸업하고 사회인이 된 후에도 '소풍날 아침처럼 매일 아침 가슴 두근거리는 인생을 살고 싶다!'는 바람이 매번 머릿속에 떠오르곤 했다.

솔직히 고백하면 그 시절 두근거렸던 느낌에는 미치지 못하지만, 지금 내 인생은 그 느낌에 가까워져 있다.

알람이 울리기 전에
눈이 뜨이는,
그런 설레는 일상을 살아가자.

02

당신이 아침에 잘 못 일어나는 것은
하기 싫은 일을 하며 살고 있기 때문이다

지금까지 몇 권의 책을 통해 잠에 관한 이야기를 썼기 때문인지, 많은 분들에게서 잠에 관한 질문을 받는다.

"저는 잠버릇이 너무 나빠 걱정이에요."

"저는 아침에 좀처럼 일어나지 못해요."

물론 나도 지금까지 그런 경험을 수없이 많이 해왔다. 그래서 나 자신의 경험을 돌아보며 단언할 수 있는 게 있다. 하기 싫은 일을 하며 살고 있기 때문에 잠버릇이 나쁜 것이고, 좀처럼 일어나지 못하는 것이라고 말이다.

당신이 아침에 잘 못 일어나는 것은 싫어하는 일을 하며 살고 있기 때문이다.

어찌 보면 당연한 일이다. 아침에 일어날 때마다 '아, 오늘도 하기 싫은 일을 해야 하는군'이라는 공포가 엄습해 온다면, 힘든 현실에서 도피해 아무 생각 없이 조금이라도 더 자고 싶은 마음이 드는 것도 무리가 아니다.

이처럼 하기 싫은 일로 가득 찬 인생을 살다 보면 고민도 끊이지 않고, 밤에도 좀처럼 잠들지 못하게 된다. 좀처럼 잠들지 못하기 때문에 아침에도 좀처럼 일어나지 못한다. 이런 악순환이 계속 반복되는 것이다.

이와 반대인 상황을 상상해 보자. 삼시 세끼보다 골프를 좋아하는 사람이라면, 골프를 치러가는 당일 아침에는 아무리 일찍이라도 번쩍 눈이 뜨일 것이다. 좋아하는 사람과 첫 데이트를 하는 날 아침에 피곤하다는 이유로 이불 속에서 꾸물거리며 더 자려는 사람은 없지 않겠는가.

현명한 당신은 이미 눈치 챘을 것이다. 아침에 잘 못 일어나는 것은 당신이 좋아하는 일을 하며 살고 있지 않기 때문이다. '지금 이대로는 행복해질 수 없어요'라고 당신의 몸이 경종을 울리고 있기 때문에 아침에 잘 못 일어나는 것이다.

'이런 일을 하기 위해 태어난 게 아닙니다.'

당신의 본능이 인생의 궤도를 수정할 것을 재촉하고 있기 때문에 아침에 잘 못 일어난다는 뜻이다.

이 본질을 회피해서는 안 된다. 이런 자연의 섭리를 무시하고 숙면 보조식품 같은 것으로 잔재주를 부려봤자 당신은 절대 행복해질 수 없다.

아침에 잘 못 일어날 때는
내가 하기 싫은 일이 뭔지 재검토해서
'좋아하는' 일을 시작해 보자.

아침에 행복하게 일어나는 사람이 인생의 승자다

— 03 —

**처음부터 아침형 인간은 없다.
좋아하는 일을 하며 살기 때문에
아침이 빨라진다.**

비즈니스에서는 '아침형 인간', '저녁형 인간'이라는 표현이 종종 사용된다. 그러나 엄밀히 말해 직업상 밤에 일하는 사람이 출근하면서 "좋은 아침입니다"라고 인사하는 습관이 있다면, 그들에게는 출근 시간이 '아침'인 셈이라고 할 수 있다.

어쨌든 모든 조직에는 업무 시작 시간보다 빨리 일을 시작하는 사람이 있는 반면, 업무 시작 시간이 다 돼서 헐레벌떡 뛰어들어오는 두 종류의 사람이 존재한다. 그리고 거의 모든 경우 빨리 일을 시작하는 사람들은 높은 자리에 올라가고, 아슬아슬하게 일을 시작하는 사람들은 끝까지 출세하지 못할 가능성이 높다. 심지어 그 차이는 점점 더 벌어질 뿐이다.

나는 컨설턴트 시절 다양한 조직을 경험하며 이 차이가 어디에서 나오는 것인지 관찰한 적이 있었다. 당사자들과 수차례 면담을 하고, 근무 중 표정이나 태도도 꼼꼼히 지켜보면서 내가 깨달은 것은 다음과 같다.

하루를 일찍 시작하는 사람은 근무 시간이 길어서 유능해진 게 아니라

자기가 좋아하는 일을 하고 싶어서 일찍 시작했을 뿐이었던 것이다.

반대로 시간에 맞춰 아슬아슬 일을 시작하는 사람은 주야장천 장시간 잔업을 해도, 하기 싫은 일을 하기 때문에 집중도 안 되고, 실수도 많다는 것을 알게 되었다.

이처럼 일을 잘하고 못하고는 학교 때 공부를 잘했는지 아닌지의 차이가 아니라 '좋아하는 일을 하고 있는지 아닌지'의 차이가 훨씬 크다.

물론 발군의 실력을 갖췄는데도 '나는 일이 너무 싫어'라고 비뚤어진 생각을 가진 사람도 종종 있었다. 그러나 그런 사람도 '일이 싫다고 하면서도 성과를 올리고 있는 내 모습'만은 좋아하는 케이스였다.

이는 일 자체가 좋다는 사람보다는 동기 부여 측면에서 성취도가 떨어져도 '활약할 수 있어서 좋다', '좋은 평가를 받아서 좋다'는 자기도취가 재능 없는 일을 마지못해 하는 것보다는 훨씬 낫다는 것을 보여준다.

아니, 비즈니스에 있어서는 일이 서툴어도 그 일을 몹시 좋아하는 사람보다

설령 일을 싫어해도 성과를 올린 사람이 한 수 위다.

단, 하기 싫은 일에서 성과를 올린 사람들은 대부분 생활이 무

절제해지는 경향을 보였다. 그리고 결국에는 비즈니스까지 무너지는 패턴이 많았다.

여기서 알 수 있는 결론은 태어날 때부터 아침형인 사람은 이 세상에 없다는 것이다. 그저 좋아하는 일을 하면서 살다 보니 아침형 인간이 되는 것일 뿐이다. 즉, 출발 신호가 떨어지기도 전에 먼저 일을 하며 산다면 승리한 인생을 살 가능성이 높다는 뜻이다.

정말 하고 싶은 일을 하며 살다 보면
어느새 당신은 아침형 인간이 될 것이다.

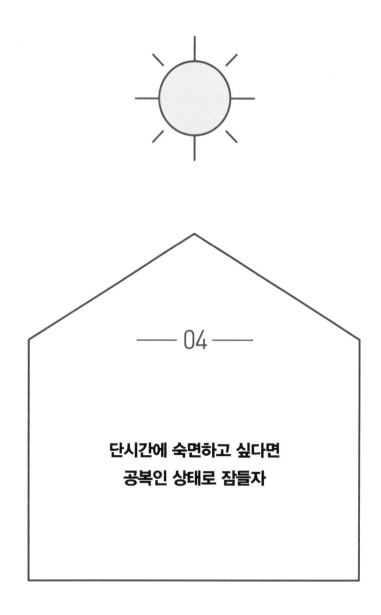

— 04 —

**단시간에 숙면하고 싶다면
공복인 상태로 잠들자**

자기 전에 음식물을 먹으면 안 된다는 이야기를 들은 적이 여러 번 있을 것이다. 그 이유를 '자기 전에 먹으면 살이 찌기 때문'이라고 알고 있는 사람이 많다. 그러나 현실에는 그것보다 더 심각한 문제가 있다. 자기 전에 음식을 먹으면 숙면을 취할 수 없다는 것이다.

위는 음식을 소화할 뿐만 아니라, 공복일 때는 깨끗이 청소하는 운동도 한다. 공복일 때 배에서 '꼬르륵' 소리가 나는 것은 위가 음식을 원하기 때문이 아니라, 오래된 세포나 음식 찌꺼기 같은 쓰레기를 장으로 몰아내려고 하기 때문이다. 즉, 공복은 위를 대청소하여 깨끗한 상태로 만드는 상태라고 할 수 있다.

당신의 위가 깨끗하다는 것은 당신의 몸도 깨끗하고 건강하다는 뜻이다.

위를 깨끗하게 하는 비결은 간단하다. 위를 공복 상태로 만들어 매일 바지런히 대청소시켜 주는 것이다. 그리고 이를 위한 가장 효율적인 몸 상태가 수면 상태다. 수면 상태는 위를 대청소에 집중하게 해줄 수 있는 제대로 된 유일한 시간이기 때문이다. 그럼에도 불구하고

자기 전에 나도 모르게 음식을 먹어 버리면, 사람의 위는 대청소를 할 수 없다.

결국 위에는 계속 쓰레기가 쌓이게 된다. 즉, 몸에 찌꺼기가 쌓여 건강하지 않은 상태가 되는 것이다.

대략적으로 음식은 '탄수화물 → 단백질 → 지방'의 순서로 소화된다. 예를 들어, 탄수화물을 많이 포함한 밥은 약 2시간 정도 소화를 위해 위에 머문다. 단백질을 많이 포함한 삶은 달걀은 약 3시간 정도 위에 머물게 되고, 지방분을 잔뜩 함유한 고기라면 4시간 이상 위에 머물 때도 있다. 결국 이런 패턴이 이어지면 반나절 이상씩 음식이 위에 머물게 된다.

이렇게 생각하면 당신이 출출하다며 아무 생각 없이 자기 전에 입에 넣은 음식이 위의 대청소를 얼마나 방해하는지 알 수 있을 것이다.

그러나 공복인 상태로 잠들면 위는 대청소에만 전념할 수 있고, 당신은 단시간에 숙면을 취할 수 있다.

공복은 위를 대청소해서
깨끗한 상태로 유지하기 위한 것.
위를 텅 비운 채로 잠들면
아침에 상쾌하게 눈뜰 수 있다.

아침에 행복하게 일어나는 사람이 인생의 승자다

**숙면하고 싶다면
아침부터 무리해서 빨리 일어나면 된다**

잠투정을 하는 사람뿐만 아니라 나쁜 잠버릇 때문에 고민하는 사람도 많다. 무엇보다 잠버릇이 나쁜 사람은 대부분 잠에서 깰 때도 잠투정을 한다. 잠버릇이 나쁘면 휴식을 위해 확보해야 할 수면 시간이 부족해져 잠투정을 하게 되는 것이다.

진심으로 잠버릇을 개선하고 싶다면 이것에 한 번만 도전해 보자.

그것은 숙면하고 싶은 날 아침, 다소 무리를 해서라도 일찍 일어나는 것이다. 항상 아침 7시에 일어나는 사람이라면 좀 무리를 해서라도 6시에 일어나 보자. 그러면 그날 아침은 잠투정이 오히려 더 심해질 것이다.

그래도 괜찮다. 딱 한 번만 도전해 본다는 생각으로 어떻게든 평소보다 일찍 일어나 보자. 그러면 하루 종일 피로가 축적되면서 저녁 무렵에는 이미 꾸벅꾸벅 졸고 있을 게 분명하다. 저녁 식사를 마치면 목욕하는 것도 귀찮아질 만큼 말도 못하게 졸릴 것이다.

이미 눈치 챘겠지만 그날은 가만히 내버려 둬도 숙면을 취할 수 있게 된다. 당연히 평소보다 일찍 자기 때문에 이튿날에는 눈이 일찍 떠질 것이다. 결과적으로 그것이 일찍 일어나고 일찍 자는 습관으로 이어진다. 이 모든 게 딱 하루만 무리해서 일찍 일어난 결과다.

이것은 수면에만 해당되는 이야기가 아니다. 어쩐지 인생이 잘 풀리지 않는다면 이 사례를 적용해 보자.

인간관계가 순조롭게 풀리지 않는 것은 어느 한 군데가 어긋나 있기 때문일 가능성이 높다.

이런 경우 문제를 겪고 있는 상대방에게 내가 먼저 인사를 하는 것은 어떨까. 먼저 '안녕'이라고 할 수 있었기 때문에 직장 내 복잡한 인간관계가 원활해지는 경우도 많다. 반대로 먼저 '미안해'라고 하지 못해서 인생 전체가 꼬여 버리는 사람도 많다.

이처럼 일이 순조롭게 풀리지 않는다면, 어딘가 한 군데가 어긋나 있기 때문일 가능성이 높다. 예를 들어 서류 초안을 작성하는 데 시간이 너무 오래 걸린다고 치자. 이런 경우에는 초안을 만들지 말고 처음부터 한 번에 작성한다면 시간을 상당히 줄일 수 있다.

큰 차이는 작은 차이가 쌓이면서 눈덩이처럼 불어난 결과다. 작은 차이를 수정했더니 인생 전체가 호전되는 경우는 흔히 있는 일이다.

우선은 하루만 일찍 일어나 보자.
그러면 숙면으로 이튿날
일찍 일어나는 사이클로 인생이 호전된다.

푹 잘 수 있도록 깨어 있는 동안
열심히 생각하고 열심히 움직이자

자연의 섭리에 최적화된 수면의 비결은 깨어 있는 동안 열심히 생각하고 열심히 움직이는 것이다.

머리와 몸을 열심히 사용하면 피곤해지면서 반드시 잠이 오게 된다.

나 같은 경우, 먼저 집필을 통해 머리를 혹사시킨다. 출판사에서 메일로 기획안을 보내오면 나는 하루 동안 그 기획안에 대한 목차를 생각한다. 예를 들어 지금 쓰고 있는 '푹 잘 수 있도록 깨어 있는 동안 열심히 생각하고 열심히 움직이자'처럼 본문의 제목에 해당하는 목차를 고민하는 것이다.

어느 작가도 책에 썼듯이, 작가는 목차를 생각할 때 가장 머리를 많이 쓴다. 목차만 다 쓰면 나머지는 피아니스트가 피아노를 치듯이 문장이 넘쳐나기 시작한다. 과장된 이야기처럼 들릴지도 모르지만, 본문은 머리로 쓴다기보다 손끝이 제멋대로 컴퓨터의 키보드를 두드리는 것 같은 느낌이다. 목차를 생각할 때는 머리를 쓰고, 본문을 쓸 때는 몸을 혹사시킨다는 게 솔직한 심정이다.

그리고 나는 집필에 더해 매일 꾸준히 스트레칭을 하고, 일주일에 세 번은 꼭 웨이트 트레이닝을 한다. 머리뿐만 아니라 몸도 열심히 움직이는 편인 것이다. 그래서 잠버릇도 나쁘지 않고 잠투정도 부리지 않는다. 당신은 어떤가?

푹 잘 수 있도록 깨어 있는 동안 머리와 몸을 열심히 쓰고 있는가?

어떤 일이든 머리를 전혀 쓰지 않는 일은 존재하지 않는다.

어떤 일이든 몸을 전혀 쓰지 않는 일은 존재하지 않는다.

머리를 쓰는 것도 몸을 쓰는 것도, 모든 건 마음먹기에 달린 것이다. 내 경우에는 푹 잘 수 있도록 깨어 있는 동안 열심히 생각하고 열심히 움직이고 있다.

하지만 착각하면 곤란하다. 열심히 생각하고 열심히 움직이기 위해 푹 잔다는 뜻이 아니다. 어디까지나 수면이 '주(主)'이고, 깨어 있을 때가 '종(從)'인 것이다.

인생의 주역은 수면이다. 그래서 머리를 혹사시킬 때는 '이걸로 오늘도 푹 잘 수 있겠군' 하면서 가슴이 두근거리는 것을 느껴야 한다. 몸을 혹사시킬 때는 '이걸로 오늘도 눕자마자 자겠군' 하면서 가슴이 두근거리는 것을 느껴야 한다.

보다 질 좋은 수면을 위해 낮 시간 동안
머리와 몸을 실컷 사용하자.
열심히 생각하고 열심히 움직이면
모든 일은 잘 풀리게 돼 있다.

아침에 행복하게 일어나는 사람이 인생의 승자다

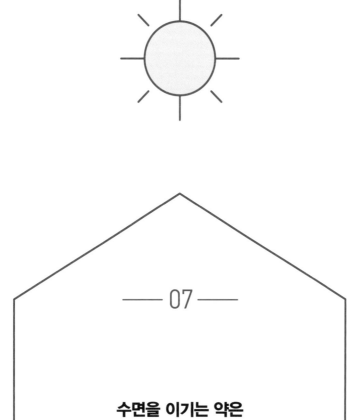

— 07 —

**수면을 이기는 약은
이 세상에 존재하지 않는다**

그 어떤 뛰어난 약도, 어떤 뛰어난 외과 수술도 그 자체가 당신의 몸을 치료해 주지는 않는다.

당신의 몸을 치료해 주는 것은 당신의 몸 자체다.

무엇보다 당신의 몸은 주로 잠들어 있는 사이에 당신의 몸을 회복시킨다. 아무리 좋은 약을 먹어도 수면이 부족하다면 그 효과는 격감할 수밖에 없다. 수술에 성공해도, 수면이 부족하다면 상처는 천천히 나을 수밖에 없다.

예를 들어 감기에 걸렸을 때 며칠씩 앓아눕지 않고도 낫는 방법이 있다는 것을 이 책의 독자들은 꼭 알아두길 바란다. 아직 열이 높지 않은 상태라면 갈근탕을 먹고 자기만 해도 대부분의 감기는 다음 날 아침 낫게 된다.

성인이라면 누구나 감기 초기 증상 정도는 알고 있을 것이다. 사람에 따라 증상에 차이가 있긴 하지만, 감기에 걸리면 눈 안쪽이 쑤시거나 목소리가 거칠어진다. 그 시점에 신속하게 갈근탕을 먹어야 한다. 이를 위해서 갈근탕을 항상 휴대하는 것도 좋은 방법이다. 그리고 만일 감기 초기 증상이 느껴진다면, 학교 또는 회사에서 빨리 귀가해 저녁을 거르고 자기 직전에 한 번 더 갈근탕을 먹는 게 좋다.

갈근탕은 당신의 몸이 열을 내기 전에 몸을 데워 주는 효과가 있다. 즉, 미리 몸을 데워 바이러스를 죽임으로써 감기의 싹을 자르는 것이다. 그러나 갈근탕은 그저 계기를 만들어 주는 것일 뿐, 중요한 것은 당신의 수면이다. 제대로 자지 않으면 갈근탕의 효과는 격감한다. 이는 감기 초기에만 해당하는 이야기가 아니다.

수면은 생물이 가진 활력의 근원이다.

'일찍 일어나는 것이 몸에 좋다'든가 '아침이 승부다'라는 이야기를 들으면 졸린 눈을 비벼서라도 일찍 일어나야 할 것처럼 느껴지지만, 그렇지 않다. 제대로 된 수면을 확보한 후에 일어나야 함을 잊지 말길 바란다.

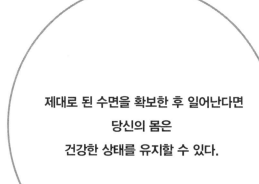

제대로 된 수면을 확보한 후 일어난다면
당신의 몸은
건강한 상태를 유지할 수 있다.

— 08 —

**침실을 환기시키면
수면의 깊이가 달라진다**

수면 시간은 평균 이상으로 긴데 전혀 피로가 풀리지 않는다고 호소하는 사람이 있다. 이런 사람에게 적극 추천하는 것이 '침실 환기'다.

아침에 일어나서 창문을 여는 사람은 많지만, 밤에 자기 전에 창문을 여는 사람은 많지 않다. 하지만 취침 전 창문을 열어 환기시키는 것이 보다 중요하다. 왜냐하면 침실에 충분한 산소를 공급해야 당신이 자는 사이 몸에 충분한 산소를 공급할 수 있기 때문이다.

침실에 산소가 충분하면 당신은 단시간에 숙면을 취할 수 있다.

실제로 프로 스포츠 선수나 여배우 중에는 '산소 캡슐'을 애용하는 사람이 많다. 산소가 듬뿍 들어간 '산소 캡슐'에서 1시간만 자도 4~5시간의 수면에 필적하는 효과를 얻을 수 있기 때문이다.

물론 그들처럼 고가의 '산소 캡슐'을 이용하려 노력할 필요는 없다. 지금은 산소와 수면의 관계를 알아두는 것만으로도 충분하다. 무엇보다 고가의 '산소 캡슐'이 아니어도 얼마든지 그와 비슷한 상태를 만들 수 있기 때문이다.

창문을 열어 환기를 시키는 것, 그것만으로도 큰 도움이 된다. 수고스럽지도 않고 돈도 들지 않는 방법이다. 추운 겨울밤에는 창문을 연 뒤 다섯까지만 숫자를 세고 닫아도 된다. 단지 그것만으로도 방 안의 산소는 꽤 늘어난다.

내가 이렇게까지 집요하게 침실 환기를 추천하는 것은 수면의 목적 중 하나가 몸에 충분한 산소를 공급하는 것이기 때문이다. 이와 마찬가지로 졸릴 때 저절로 하품이 나는 것 역시 뇌가 산소를 요구하기 때문이다. 입을 크게 벌려 가능한 한 많은 공기를 흡입하려고 하는 것이다. '빨리 수면에 들어가 뇌에 산소를 공급하세요'라고 몸이 신호를 보내고 있는 것이다.

회의 중에도 참가자들이 하품을 하며 눈에 눈물이 고이기 시작하면 당장 환기를 해야 한다. 이때는 참가자들 뇌에 산소가 부족한 상태이기 때문에

뇌에 산소를 공급해 주지 않으면 좋은 아이디어가 나올 리 없다.

환기를 시킨 순간, 참가자들의 표정은 틀림없이 밝고 활기차게 변할 것이다. 평소보다 좀 더 지친 상태라면 좀 더 오랫동안 환기를 시켜야 한다. 집에서도 평소보다 일찍 일어나야 한다면 좀 더 오랫동안 환기를 시키는 것이 좋다.

피로가 풀리지 않는 사람은
취침 전 환기를 통해
뇌에 산소를 공급하자.

— 09 —

**잠투정을 개선하는 건강보조식품이 있다면
적극적으로 활용하자**

10대, 20대 무렵에는 상상도 할 수 없었겠지만, 30대, 40대가 되면 조금씩 노화를 실감하게 된다. 그리고 이처럼 노화를 실감하는 것은 결코 부끄러운 일이 아니다. 그만큼 감성이 예민하다는 증거이기도 하고, 사전에 대책을 세울 수 있어서 좋은 면도 있기 때문이다.

실제로 프로 스포츠 세계에서는 젊을 때부터 자기 몸의 아주 작은 노화 현상도 그냥 지나치지 않은 이들의 선수 생명이 훨씬 더 길다. 반대로 젊은 시절 혈기를 주체하지 못하고 몸을 혹사시킨 선수는 프로 생활을 일찍 접게 된다.

스포츠 선수뿐만 아니라 오랫동안 현역 생활을 하는 모든 영역의 프로들이 가진 특징은 '겁쟁이'라는 것이다.

프로에게 겁이라는 것은 단점이 아니라 오히려 장점이다. 당신도 어떤 일에서는 프로일 텐데, 프로는 항상 겁쟁이여야 한다는 사실을 명심하자.

나도 대학 시절 '파워 리프팅(바벨을 들어 올려 그 중량을 겨루는 경기 – 옮긴이)'에 빠져 있었을 때는 대단한 겁쟁이였다. 그래서 스키를 배워 여자에게 인기남이 되겠다는 꿈도 일찌감치 포기했다. 도호쿠(東北) 지방의 대학에 입학한 덕에 주변에 스키장이 널려 있었는데도 말이다.

대학교 1학년 겨울, 나는 초보 스키어 주제에 신나게 속도를 즐기다가 나무에 부딪쳐 손목을 삐고 말았다. 그 정도로 끝난 게 다행이었지만, 몇 주 동안은 바벨을 들 수 없었다. 그래서 그 이후로 대학교 시절 내내 나는 한 번도 스키를 타러 가지 않았다. 스포츠 선수에게 부상은 어떤 이유에서든 본인의 책임이라는 것을 깨달았기 때문이다.

그 뒤 사회인이 되어 엄청난 횟수의 강연을 하면서도 나는 감기에 걸려 목소리가 나오지 않는 일을 절대 스스로 용납하지 않았다. 그래서 무슨 일이 있어도 감기에 걸리지 않도록 온갖 지혜를 짜냈는데, 감기 전문가를 만나면 무조건 감기 예방 대책에 대해 자세히 물어볼 정도였다.

이처럼 프로의 자각이 있다면 잠투정에도 만전의 대책을 세워야 한다. 그래도 도저히 잠투정이 사라지지 않는다면

잠투정을 개선해 주는 건강보조식품이라도 사용해야 한다.

그러나 아시다시피 건강보조식품은 사람마다 효과가 다르기 때문에 다양한 정보를 수집하면서 실제로 직접 먹어 보고 자기에게 딱 맞는 것을 찾아낼 필요가 있다. 바지락 엑기스, 굴 엑기스,

아미노펩티드 종합 비타민제 등의 다양한 식품을 섭취해 보는 것이다.

만약 효과를 실감한다면, 설령 그것이 단순한 자기 확신에 의한 것이라도 싸게 먹힌 셈이다.

컨디션 난조는 프로에게 허락되지 않는 실수.
잠투정에 효과가 있을 것 같다면
건강보조식품 섭취도 시도해 볼 가치가 있다.

기상을 제압한 사람이

인생을 제압한다

chapter
2

비즈니스는 아침에 결정된다

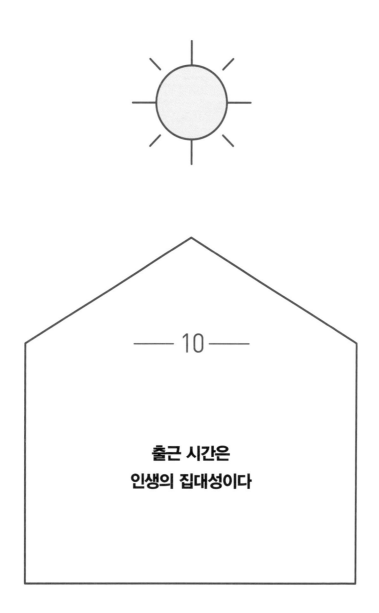

— 10 —

**출근 시간은
인생의 집대성이다**

직장인의 출근 시간만큼 명백하게 그 사람을 보여주는 것도 없다. 입으로는 거짓말을 할 수 있어도 출근 시간은 거짓말을 하지 않는다.

예를 들어 "의욕만큼은 자신 있습니다!"라고 아무리 외쳐도 상습적으로 지각을 하는 사람이 있다면, 당신은 그 사람을 믿을 수 있겠는가? 그럴 수는 없을 것이다.

어떤 이유가 있든 지각은 '열심히 일할 마음이 없다'는 증거다.

지각은 아니지만 항상 출근 시간에 아슬아슬하게 맞춰 오는 사람이라면 일할 마음이 없다는 평가를 받아도 불평할 수 없을 것이다. 반대로 항상 아침에 일찍 출근하고 일에서도 묵묵히 계속 성과를 내는 사람은 어떤가?

당신은 틀림없이 그 사람을 '일할 마음이 있는 사람'으로 생각할 것이다. 실제로 별로 의욕이 없는데도 아침 일찍 출근하는 사람은 주위에서 의욕적이라고 여기는 법이다.

자, 지금 중요한 것은 남이 아니라 당신이다. 당신의 출근 시간은 어떠한가?

혹시 늦게 출근하고 있다면 출세는 거의 절망적이라고 보아야 한다. 어차피 인생의 대부분을 일을 하면서 보낼 거라면, 출세하지 않는 것보다 출세하는 게 즐거울 것이라는 사실은 자명하다.
이 부분은 아무쪼록 진심으로, 또 진지하게 생각해 보자.

그렇다고 출근 시간을 앞당기기 위해 무턱대고 허둥댈 필요는
없다. 허둥댈 필요가 없도록 집에서 나오는 시간을 앞당기면 그
만이다. 그렇다면 집에서 나오는 시간을 앞당기기 위해서는 어떻
게 해야 할까?

일찍 일어나면 된다.

일찍 일어나기 위해서는 어떻게 해야 할까?

일찍 자면 된다.

일찍 자기 위해서는 어떻게 해야 할까?

일찍 일을 마치고 귀가하면 된다.

이렇게 생각하다 보면

'당신의 출근 시간은 당신 인생의 집대성이다'

라는 사실을 깨닫지 않을 수 없다.

일찍 출근하는 사람은 전반적으로 인생의 속도가 빠른 사람들
끼리 만난다.

늦게 출근하는 사람은 전반적으로 인생의 속도가 느린 사람들
끼리 만난다.

항상 아침 일찍 출근하자.
가만히 있어도 주위에서
당신을 의욕적이라고 평가할 것이다.

—— 11 ——

**남아서 3시간 더 일하느니
30분 일찍 출근하는 게 이득이다**

당신이 직장인이라면 다른 직원들보다 30분만 빨리 출근하자. 예를 들어 회사가 정한 출근 시간이 9시라면, 대부분의 직원들이 출근하는 피크 타임은 기껏해야 8시 반 정도일 것이다. 그때 당신은 30분 빠른 8시에 출근하는 것이다. 시험 삼아 한번 해보면 그때부터는 지금까지와 다른 세계가 보이게 될 것이다.

우선 30분 일찍 출근하면 자기보다 더 일찍 출근하는 직원이 거의 없다는 것을 알 수 있다. '거의 없다'고 표현한 것은 반드시 몇 명은 있기 때문인데, 중소기업 같은 경우에는 활기 넘치는 사장이 평직원보다 일찍 출근할 때가 많다. 대기업의 경우, 부장급 이상은 대체로 아침 일찍 출근한다. 그리고 부장의 측근도 이미 출근했을 것이다.

그 밖에 아침 일찍 출근하는 사람들은 대개 앞으로 출세할 가능성이 높은 사람들이다. 혹시 당신이 30분 일찍 출근했는데 당신보다 더 일찍 출근한 직원이 있다면

그 사람은 상당히 우수한 인재라고 봐도 무방하다.

30분만 일찍 출근해도 당신이 만나는 사람의 면면이 달라지는 것이다.

앞서 언급한 중소기업 사장이나 대기업 부장 정도 되면 출근

도 이르지만 귀가도 이르다. 즉, 부하 직원들이 아무리 매일같이 늦게까지 남아서 열심히 일하는 모습을 보여주려고 해도 사장이나 부장은 그 자리에 없는 것이다.

당신 스스로 사장이나 부장이라는 마음으로 곰곰이 생각해 보자. 매일 늦게까지 남아서 잔업 수당을 청구하는 직원과 매일 아침 당신과 얼굴을 마주하며 인사를 나누는 직원 중 어느 쪽에 호감을 갖겠는가? 상상하기 어렵지 않을 것이다.

퇴근 시간 뒤에 3시간 더 일하는 것보다 30분 일찍 출근하는 것이 훨씬 좋은 인상을 준다. 실제로 몸이 축축 처지는 밤에 일하는 것보다 상쾌한 아침에 일하는 것이 고품질의 결과물을 낳는다. 30분만 일찍 출근하면

남아서 일하지 않고 재깍재깍 퇴근해도 '저 녀석은 항상 아침에 일찍 출근하고 일도 잘하니까'

라고 주위에서도 당신을 인정하게 될 것이다.

사장이나 중역이 모이는
'30분 전의 세계'에 데뷔하자.
거기서 당신은 고품질의 결과물과
출세의 기회를 얻을 수 있다.

— 12 —

'자네는 아침형 인간이군'이라는
말을 들었다면
출세 코스에 들어섰다는 뜻이다

윗사람에게 '자네는 일을 참 잘하는군'이라는 말을 듣는다면 당신은 뛸 듯이 기쁠 것이다. 직장인에게 일로 칭찬받는 것 이상으로 기쁜 일은 없기 때문이다. 그런데 사실은 한 단계 더 높은 칭찬이 있다.

그것은 바로 '자네는 아침형 인간이군'이라는 말이다.

'자네는 일을 참 잘하는군'이라는 말을 듣는 것이 '자네는 아침형 인간이군'이라는 말보다 기쁜 게 당연하지 않느냐는 반론이 제기될 수도 있다.

그러나 '자네는 일을 참 잘하는군'은 당신에게 의욕을 불어넣기 위한 임시방편의 빈말일 가능성도 있다. 그에 반해 '자네는 아침형 인간이군'은 오로지 당신에게만 보내는 오리지널 메시지라고 할 수 있다.

당신에게 '아침형 인간'이라는 것은 최고의 칭찬이며, 출세 코스에 들어선 게 확실하다는 뜻이다. '자네는 아침형 인간이군'이란 칭찬 뒤에는 '이름을 기억해 두지'라는 경영진의 마음이 이어지고 있기 때문이다.

그 경영진이 본부장이라면 밑의 부장과 골프를 칠 때 "○○과 스즈키 군은 아침 일찍부터 열심히 하더군"이라는 이야기를 반드시 할 것이다. 이는 '빨리 출세를 위한 기회를 주라'는 명령과 똑같다. 다음 날 그 부장은 과장을 호출해 "본부장이 ○○과 스즈키 군을 칭찬하던데 이번 프로젝트를 맡겨 보면 어때?"라는 이야기를 할 것이다. 이것은 '뭐든 좋으니 어떻게든 실적을 올리게 해서 빨리 출세시켜라'는 명령이다.

내 말을 가벼운 농담으로 생각할 수도 있지만, 사실 직장인의 출세는 거의 이런 식으로 결정된다. 이제 와서 무엇을 감추겠는가? 컨설턴트 시절 일했던 인사 결정 현장에서 나 역시 수차례 경영진과 동석하며 이를 경험한 적이 있다.

직장인의 출세는 100퍼센트 결정권자의 호불호로 결정된다.

이렇게 단언해도 좋다. 대놓고 말하기는 그렇지만, 일의 실적이 출세에 미치는 영향은 기껏해야 두 번째에 불과하다. 무엇보다 중요한 것은 결정권자의 믿음이며, 그 사람에 대한 호불호로 결정되는 것이다.

'아침형 인간'은 출세 코스로 가는 티켓.
아침형 인간 이미지를 만들어
결정권자의 호감을 사자.

 13

아침 일찍 메일을 확인하면
고위직에게 좋은 반응을 얻어낼 수 있다

많은 사람들은 다른 사람의 메일에 빨리 답장하는 것이 아름답다고 생각한다.

메일뿐만 아니라 빠른 답장은 모두 아름답다.

여기에 의문의 여지는 없다. 물론 항상 빨리 답장을 할 수는 없을 것이다. 누구라도 메일에 바로 답장할 수 없을 때가 있기 때문이다. 예를 들어 한창 이야기하던 사람이 갑자기 "메일에 답장을 해야 하니 잠깐 기다려 주세요"라고 말한다면, 그 사람과는 두 번 다시 이야기하고 싶지 않을 것이다. 지금 눈앞에 있는 사람보다 중요한 사람은 없기 때문이다. 빠른 답장에 신경 쓰는 것은 좋지만 '해야 한다'는 생각에 사로잡혀, 어떤 상황에서든 그것을 관철하려고 하는 것은 좋은 태도가 아니다.

이럴 때 빠른 답장에 버금가는 아름다운 메일 수신법이 있다. 바로 아침 일찍 메일을 확인하는 것이다. '아침 일찍'이라고 해도 사람마다 차이가 있겠지만 늦어도 아침 9시 이전이 좋다. 수신 기록에는 확인한 시간이 표시되니 아침 8시로 표시되어 있다면 보다 안전하다. 아침 6시나 7시로 표시되어 있다면 더 아름다울 것이다. '아름답다'는 표현은 경영진들에게 좋은 반응을 얻어낼 수 있음을 의미한다.

이미 언급했듯이, 경영진들은 아침 일찍 하루를 시작할 가능성이 상당히 높다. 당연히 출근과 동시에 꽉 찬 메일함을 체크할 가능성도 높다. 그때 당신의 메일이 도착해 있다면 경영진이 당신에게 직접 답장을 할 가능성은 훌쩍 높아진다.

우리는 상대방의 출근 시간대를 지금까지 받은 메일의 수신 시간을 토대로 쉽게 예상할 수 있다. 종종 아침 8시 시간대에 메일이 온다면 아침 7시 반 늦어도 아침 8시까지는 출근한다는 것을 의미한다. 혹시 당신이 아침 7시에 메일을 하면 바로 답장이 올지도 모른다.

바로 답장이 왔다는 것은 상대가 당신의 존재를 인정했다는 뜻이다.

반대로 당신이 심야에만 메일을 수신하면, 상대방에게 한심한 인간으로 낙인찍힐 수 있다.

메일은 아침 6~7시 시간대에 보내자.
그렇게 하면 경영진에게 인정받을 수 있다.

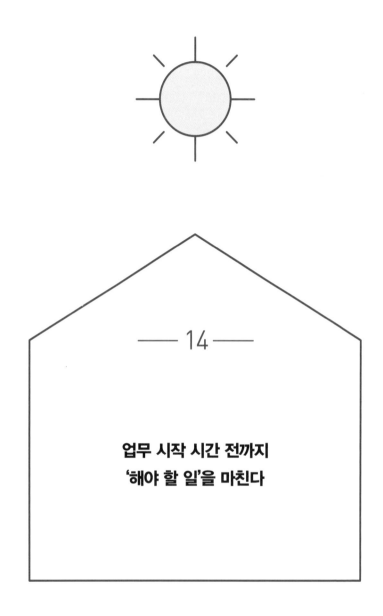

— 14 —

**업무 시작 시간 전까지
'해야 할 일'을 마친다**

직장인 시절, 나는 이거다 싶은 나만의 필승 전략을 발견할 수 있었는데, 그것은 업무 시작 전까지 해야 할 일을 끝내 버리는 것이었다.

졸업하고 바로 취직한 보험회사와 달리 새로 옮긴 컨설턴트 회사는 일의 양이 엄청났다. 보험회사 시절에도 나름대로 바쁘다고 생각했었다. 고백하면

'나보다 바쁜 직장인은 없을 거야'

라고 남몰래 생각했던 시기도 있었다. 하지만 컨설턴트 회사에서는 일의 양과 깊이가 보험회사 때보다 거의 3배로 불어났다. 둘을 곱해 약 10배 크기의 벽이 내 앞을 가로막고 서 있는 느낌이었다.

특히 우리 부서에는 상사를 포함해 고르고 고른 우수한 멤버들이 잔뜩 모여 있었다. 이직 초기에는 '3년 정도 일을 배우다가 출판 기회가 오면 빨리 독립해야지'라고 가볍게 생각했는데, 아무리 둔감한 나라도 이런 상태로는 3주도 못 버티리라는 사실을 금세 깨달을 수 있었다. 나만이 아니라, 대기업 출신인 다른 멤버들도 하나같이 업무량에 혀를 내둘렀다. 실제로 컨설턴트 회사 같은 비교적 소규모인, 100퍼센트 팀별로 일을 하는 회사에서는

속임수가 통하지 않는다.

대기업에서는 톱니가 하나 빠져도 어물쩍 넘어갈 수 있다. 톱니가 하나 빠진 정도로는 꿈쩍도 하지 않는 것이 대기업의 장점이기도 하다. 하지만 컨설턴트 회사처럼 팀별로 일을 하게 되면 '하겠습니다'라고 선언한 파트는 그대로 책임이 되기 때문에 자신의 역량이 있는 그대로 드러나게 된다.

이처럼 컨설턴트 회사가 얼마나 힘든지 알게 된 나는 사무실에서 자전거로 2분 정도 떨어진 곳에 아파트를 얻었다. 전철 운행 시간을 신경 쓸 필요가 없다는 장점을 대폭 활용한 것이다.

그리고 나는 아침 5시에 출근해 업무가 시작되는 9시 반까지 총 4시간 반이라는 시간 동안 '그날 해야 할 일'을 전부 끝내 버렸다. 4시간 반 안에 끝나지 않을 것 같으면 더 일찍 출근해서 일을 끝냈다. 마치 훈련을 따라가지 못하는 낙오자가 아침 일찍부터 비밀 훈련을 하는 것처럼 말이다.

그렇다고 자신의 부족한 실력을 보충하기 위해 밤을 새워서는 안 된다.

두말 말고 우선은 자야 한다.

그런 다음 인구 밀도가 높은 밤이 아니라, 인구 밀도가 낮은 이른 아침에 일어나 반격을 꾀하는 것이다. 그리고 업무가 시작되면 여유 있게 '미래를 위해 하면 좋은 것'에 몰두해야 한다.

자신의 부족한 실력을 보완하기 위해
밤을 새우는 것은 어리석은 짓이다.
충분한 수면을 확보해서
밀도 높게 일할 수 있도록 하자.

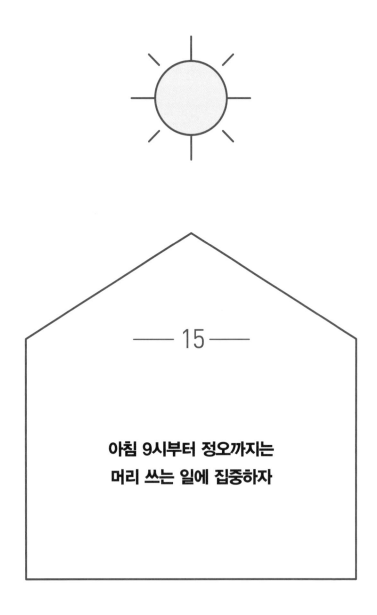

— 15 —

아침 9시부터 정오까지는
머리 쓰는 일에 집중하자

당신이 정신노동자라면 크게 고개를 끄덕이며 수긍할 텐데

머리를 쓰는 일은 오전 중에 해야 한다.

만일 아침 9시에 업무를 시작한다면, 잡다한 일은 그전에 전부 끝내고 9시가 되면 머리를 쓰는 일에 몰두해야 한다. 따라서 중요 자료를 작성하거나 중요 서류를 읽어야 하는 경우에는 미리 오전 중에 시간을 확보해 두는 것이 좋다. 오전 중에 끝내지 못할 분량이라도 일단 집중해서 몰입하면 오후부터는 일이 상당히 순조롭게 풀리는 법이다.

나 같은 경우에는 일에 관한 아이디어를 짜내야 할 때, 오전으로도 시간이 부족하면 집중력이 계속되는 한 점심을 거르고 생각을 이어간다. 직장인 시절에도 그렇게 해서 성과를 냈고, 지금도 그것은 변함이 없다. 배가 고프면 점심을 먹을 때도 있지만, 기본적으로 점심은 귀찮게 느껴진다.

만일 아침 식사부터 저녁 식사까지 약 12시간 간격이 있다고 치면 하루 24시간 중 딱 절반의 시간 동안 아침, 점심, 저녁 세 번이나 식사를 하는 것인데, 이것은 아무리 생각해도 부담스럽다. 그러나 여기서 점심을 빼면 평균 12시간마다 식사를 하는 셈이다. 그렇게 되면 매끼 식사에 깊이 감사하게 되고, 공복일 때 더

적극적으로 일에 몰두할 수 있다.

어려운 수학 문제나 물리 문제를 풀 때처럼 깊은 생각에 빠진 적이 있는 사람이라면 알겠지만, 사고하는 도중에 배가 고프다고 배불리 식사를 하면 그걸로 끝이다. 공복인 상태에서 모처럼 해결의 실마리에 다가갔다고 해도 그것을 되돌리는 것은 다시 공복이 될 때까지는 거의 불가능하다. 이것은 수학이나 물리만의 이야기가 아니다.

집중해서 깊이 사고할 때는 약간의 공복 상태에 있어야 성과를 올릴 수 있는 법이다.

따라서 업무가 시작되면 두뇌를 풀가동시켜 일을 일단락하고, 기분이 내키면 그때 점심을 먹으면 된다. 점심을 먹고 나면 이제 머리 쓰는 일은 적합하지 않기 때문에 실질적으로 그날의 깊은 사고는 그것으로 끝이라고 할 수 있다.

걱정할 필요는 없다. 하루 3시간, 진심으로 집중해서 사고하는 것만으로도 당신은 충분히 돋보일 수 있다.

머리를 쓰는 일은 공복 상태일 때 잘된다.
오전 중에 두뇌를 풀가동시켜 일이 일단락되면
그때 점심을 먹자.

 16

**이른 아침부터 두뇌를 풀가동했을 때
오후에 졸음이 찾아오는 건 당연하다**

"아침 일찍부터 두뇌를 풀가동해 일을 하면 오후부터 졸리지 않습니까?"

몇 차례 이런 질문을 받은 적이 있다. 당연히 졸리다. 하지만 그것은 밤을 새운 후 찾아오는 건강하지 못한 졸음도 아니며, 점심으로 탄수화물을 지나치게 섭취한 후에 덮쳐오는 수마(睡魔)도 아니다.

그것은 운동으로 몸을 불태운 후 느껴지는, 상쾌하고 기분 좋은 졸음과 똑같다.

아침 일찍부터 두뇌를 풀가동하면 오후가 되어 피로해지는 것은 당연하다.

따라서 아침 일찍부터 두뇌를 풀가동시켜 일하는 직장인은 점심시간에 무조건 점심을 먹는 대신, 어딘가 은신처를 찾아 잠시 눈을 붙이는 것도 좋다. 적어도 30분은 눈을 붙일 수 있으니 원기 회복에 꽤 도움이 된다. 특히 공복인 상태로 자면 단시간이라도 상당히 깊은 잠을 잘 수 있다.

실제로 점심을 먹기보다 잠시 눈을 붙이는 게 몸에도 좋다. 일류 기업 중에는 직원을 위해 사무실 안에 낮잠 자는 공간을 마련한 회사도 있다. 고지식한 엘리트들에게는 상상이 안 될지도 모

르지만

좋아하는 일을 비즈니스로 삼은 정신노동자들에게 낮잠은 능률 향상을 위해 대단히 유효한 행위다.

이런 분위기와 환경은 특히 지식 산업을 중심으로 시간이 갈수록 자리 잡게 될 것이다.

한편 독립을 하면 누구에게도 잔소리를 듣지 않기 때문에 당당하게 낮잠을 잘 수 있다. 나도 딱히 노동 할당량을 완수하는 건 아니지만, 어쨌든 낮잠을 매우 좋아한다. 지난밤 제대로 숙면을 했다면 '잠깐 자고 일어날 생각이었는데 푹 자버렸네'라는 느낌으로 낮잠에서 깨어도 실제로는 30분 정도 잔 경우가 대부분이다. 단 5분밖에 자지 못했는데도 마치 1시간 이상 숙면한 착각에 빠지는 경우도 많다. 그만큼 질 높은 수면이라는 뜻이다.

이처럼 딱히 밤을 새운 것도 아니고, 점심을 먹은 것도 아닌데, 졸음이 온다는 것은 오전 중에 그만큼 일에 몰두했다는 증거라고 할 수 있다. 그렇게까지 일에 몰두했다면 막말로 오후에 조퇴해도 죄가 없는 것이다.

아침 일찍부터 일했을 때
졸음이 찾아오는 것은 일에 몰두했다는 증거.
그럴 때는 낮잠으로 능률을 올리자.

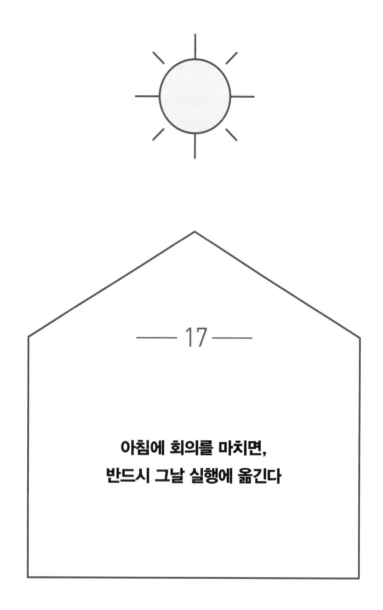

— 17 —

**아침에 회의를 마치면,
반드시 그날 실행에 옮긴다**

오후 시간에, 심지어 근무 시간이 끝난 저녁에 당연한 듯이 필요 이상으로 길게 회의를 하는 회사가 있다. 1년에 몇 번 있는 긴급회의라면 어쩔 수 없지만, 이런 회의가 일상화된 회사는 실적이 오르지 않는다.

왜냐하면 오후부터는 머리가 잘 돌아가지 않기 때문이다.

정확하게 말하면, 오후에는 오전만큼 머리가 돌아가지 않기 때문이다.

잘 생각해 보길 바란다. 회의라는 것은 참가자 숫자만큼 인건비를 허공에 날려 보내는 일이라고 할 수 있다. 그리고 회의 자체가 매출과 직결되는 것도 아니다. 즉, 참가자 전원이 두뇌를 풀가동하는 최고의 상태로 임하지 않으면 회의라는 것은 회사 경영에 있어 궁극적으로 도움이 안 되는 것이다.

그래도 꼭 회의를 해야 한다면 오전 중에 마쳐야 한다. 무엇보다 업무 시작과 동시에 회의를 하는 것이 좋다. 물론 참가자에게는 사전에 주제와 과제를 고지해야 한다. 회의가 시작되고 나서 생각하는 게 아니라 각자가 미리 생각해 온 아이디어부터 발표하는 것이다. 그렇게 하면 참가자 전원이 주인의식을 갖고 단시간에 밀도 높은 논의를 할 수 있다.

오전 중에 회의에서 결정된 사항은 오후부터 바로 실행할 수 있기 때문에 매출로도 직결된다.

비즈니스의 기초적인 사항이지만 혹시나 해서 첨언하면 회의의 목적은 '누가', '무엇을', '언제까지', '어떻게 할 것인가'를 참가자 전원 앞에서 선언(책임을 동반하는 선언)하는 것이라고 할 수 있다. '누가', '무엇을', '언제까지', '어떻게 할 것인가'를 정하지 않는 회의는 그저 시간 낭비일 뿐이다. 그런 회의는 '참가자 시급×참가자 인원수×장소 섭외비'를 회사로부터 도둑질한 것과 마찬가지다.

그뿐만 아니라 참가자 전원이 게으름을 피우며 일에 대한 의욕을 저하시키는 죄는 상당히 무겁다. 그럼에도 많은 직장인들이 악의 없이 이 같은 죄를 저지르고 있다. 회의는 귀중한 시간과 비용을 지불한 중요 행위라는 사실을 잊지 말아야 한다.

회의는 이렇게 귀중한 자원을 사용하기 때문에 아침에 제일 먼저 실시해야 하는 것이다.

쓸데없는 회의는
회사의 시간과 돈을 훔치는 것.
회의를 제대로 활용하려면
머리가 잘 돌아가는 오전 중에 해야 한다.

— 18 —

유연 근무제는
시간을 앞당겨 활용할 수 있다

많은 기업에서 유연 근무제를 도입하고 있다. 당신이 근무하는 회사도 유연 근무제를 실시하고 있을지 모른다.

유연 근무제에는 코어 타임을 정한 경우가 많다. 예를 들어 코어 타임이 13시부터 16시인 회사가 있다고 치자. 이 경우 13시부터 16시 사이에는 모든 직원이 회사에 있어야 한다. 그 외에는 총 8시간 근무만 채우면 자기가 원하는 시간에 일할 수 있다.

이렇게 되면 직원들은 두 그룹으로 나뉜다. 16시에 퇴근하는 그룹과 13시에 출근하는 그룹으로 말이다. 16시에 퇴근하는 그룹은 아침 8시에는 일을 시작해야 한다. 13시에 출근하는 그룹은 밤 9시까지 일을 해야 한다. 같은 회사 같은 부서에서 똑같이 8시간 노동을 하지만, 전자는 100퍼센트 정신노동자에, 후자는 100퍼센트 육체노동자에 유리하다.

혹시 당신이 육체노동을 지향한다면 망설임 없이 후자를 고르는 게 좋다. 물론 직업의 선택은 자유이며, 자기 인생은 각자 원하는 방식으로 살면 된다. 남이 이러쿵저러쿵할 이유는 없다. 그러나 당신이 정신노동을 지향한다면 전자 이외의 선택은 어리석은 일이다.

정신노동자에게 유연 근무제란 망설임 없이 시간을 앞당겨 일하기 위한 제도라고 할 수 있다. 실제로 정신노동자라면 아침 4시부터 일을 시작해 정오에는 퇴근하고 싶은 사람이 많을 것이다.

내가 직장인이라도 꼭 그렇게 하고 싶다.

아침 4시부터 일을 시작해 정오에 퇴근하는 게 표준인 회사가 있다면 틀림없이 실적이 올라갈 것이다. 새벽부터 전력을 다해 일하고 점심시간에는 깔끔하게 퇴근, 그 후에 가족과 함께 시간을 보낼 수 있다면 더할 나위 없이 이상적이지 않을까?

이미 언급했듯이 컨설턴트 회사로 옮겼을 당시 나는 그와 비슷한 시간대에 일을 한 적이 있었다. 표면상으로는 8시간 노동을 했지만 실질적으로는 24시간 노동 이상의 양을 해낼 수 있었다.

그 정도로 아침에는 지구상의 모든 에너지가 가득 차 있다.

그리고 밤이 될수록 지구상의 모든 에너지는 시들어가는 것이다.

유연 근무제는
시간을 앞당겨 일하기 위한 수단.
일찍 출근해서 일찍 퇴근하는 것이
올바른 활용법이다.

아침은 행운의 집합체

공부의 성패는 아침에 결정된다

 19

밤에는 '○시까지 공부해야지',
아침에는 '○시까지만 공부할 수 있어'

이 책의 취지에 반하는 듯하지만, 나는 반드시 아침에 공부해야 한다고 생각하지는 않는다. 공부는 자기가 하고 싶을 때 하면 된다. 정말 공부를 잘하는 우등생은 언제 어디서나 공부할 수 있으며, 자기만의 필승 전략도 숙지하고 있다. 그럼에도 이렇게 말할 수는 있을 것이다.

'공부하고 싶을 때 공부하려고 했지만, 결과적으로 그렇게 했던 적이 한 번도 없다'

이런 게으름뱅이라면 반드시 아침에 공부해야 한다. 솔직히 말해 세상 사람들은 대부분 이런 게으름뱅이가 아닐까? 이처럼 게으름뱅이기 때문에 아침에 공부하지 않으면 인생의 낙오자로 살게 되는 것이다.

나 자신이 100퍼센트 게으름뱅이기 때문에 잘 아는데, 게으름뱅이는 자기도 모르게 시간을 질질 끌며 공부하게 된다. 그리고 게으름뱅이가 게으름을 발휘하는 시간이 바로 밤이다.

밤에 공부하면 게으름뱅이는 우선 공부가 끝나는 시간부터 정한다. 'ㅇ시까지 공부해야지'라고 잘못된 방향의 목표를 세우고, 그 시간이 될 때까지 멍하니 책상에 앉아 다른 생각을 하는 것이다. 그리고 목표한 시간이 다가오면 '오늘도 몇 시간 공부했다'며

또다시 잘못된 만족감에 빠지게 된다. 당신은 '난 이 정도로 심하진 않아'라며 웃어넘길지도 모르지만, 사람에 따라 정도의 차이가 있을 수는 있어도 게으름뱅이의 본질은 비슷하다. 결국 수단과 목적을 착각하고 있기 때문에 아무리 시간이 지나도 자기가 상상한 대로 인생을 살아갈 수 없는 것이다.

그러나 아침에 공부하면 이렇게 되지 않는다. 'O시까지 공부해야지'라는 마무리 개념이 'O시까지만 공부할 수 있어'라는 제한된 시간 개념으로 바뀌기 때문이다. 그래서 아침에는 항상 시간이 부족하다는 긴장감 아래 집중해서 공부할 수 있다.

밤에 3시간 공부하는 것과 아침에 3시간 공부하는 것은 그 내실 면에서 완전히 다르다.

본능적으로 수면 모드로 바뀌게 되는 밤과, 기상 모드로 바뀌게 되는 아침은 모든 것이 반대라는 사실을 깨달아야 한다.

게으름뱅이야말로 아침에 공부해야 한다.
시간이 제한되어 있다는 압박감이
공부에 집중할 수 있게 해준다.

공부의 성패는 아침에 결정된다

 20

밤새 하는 공부는 자기만족을 위해,
아침에 하는 공부는 자기실현을 위해

수험생 중에 매일매일 필사적으로 밤늦게까지 공부하는 학생들이 있다. 그런 학생들에게 가혹하게 들릴지도 모르지만 이렇게 직언하고 싶다. 밤새워 하는 공부는 자기만족을 위한 것이고, 아침에 하는 공부는 자기실현을 위한 것이라고.

아무리 밤을 새우며 고생해도 그 노력이 보답 받는 경우는 거의 없다.

잠시 보답을 받는다고 해도, 그 이후까지 공부가 이어지지 않는다. 실제로 대학교에 합격하고 난 뒤 탈진 상태에 빠져 유급을 반복하다가 결국 중퇴하는 사람들이 있는데, 의외로 일류 국립대학에도 그런 사람이 꽤 많다.

내 학창 시절에도 모든 사람들이 부러워하지만 매년 유급 1위라는 불명예스러운 칭호를 받은 초특급 명문 사립 고등학교가 있었다. 그 고등학교는 10년, 20년 지나는 사이에 완전히 몰락하고 말았다.

이왕 공부할 거라면 계속할 수 있어야 한다. '대학에 들어갔으니 공부는 끝'이 아니라 '모처럼 대학에 들어갔으니 공부를 더 계속해야지'라고 생각해야 그때까지의 노력이 아깝지 않다.

이를 위해서는 그때뿐인 공부, 기진맥진해지는 공부는 하지 말아야 한다. 공부는 평생 하는 것이라는 생각 아래 담담하게 해야 한다.

기진맥진해지는 공부의 대표적 사례가 바로 밤샘이다. 담담한 공부의 대표적 사례가 바로 아침에 하는 공부다.

조금만 생각해 보면 금세 알 수 있는데, 아침 공부를 계속하기 위해서는 규칙적으로 생활해야 한다. 그리고 규칙적인 생활의 관건이 되는 것이 바로 이 책에서 반복적으로 언급하고 있는 양질의 수면이다.

규칙적인 생활을 하기 위해서는 수면 시간을 먼저 확보해야 한다. 무슨 사정이 있든 간에 수면 시간부터 확보하면 나머지는 어떻게든 풀리게 된다.

수면 시간은 사람에 따라, 또 그날의 컨디션에 따라 달라지기 때문에 6시간이면 충분한 사람이 있는가 하면, 최소 8시간은 자야 컨디션이 좋다는 사람도 있다. 따라서 당신이 6시간 타입이라면 그 6시간을 가장 먼저 확보해야 한다. 당신이 8시간 타입이라면 그 8시간을 가장 먼저 확보해야 한다.

그러고 나서 아침에 공부하는 습관을 들이면, 최단 시간에 자기실현을 할 수 있을 것이다.

밤샘을 멈추고 아침 공부로 전환하자.
자기실현의 열쇠는 수면에 있다.

공부의 성패는 아침에 결정된다

— 21 —

지난밤 공부한 게 기억나지 않는 것은
바로 자지 않았기 때문이다

당신은 기억력에 자신 있는가? 기억력에 자신이 없다면, 지금 당장 당신의 인생을 바꿀 지혜를 전수하겠다. 누구나 확실히 기억력을 상승시킬 수 있는 지혜가 있는데, 바로 뭔가를 기억했다면 '곧바로 자는' 것이다.

예를 들어 저녁에 집에서 영단어를 20개 외운 뒤 밤새워 놀다가 다음 날 곧장 학교에서 영단어 테스트를 봤다고 가정해 보자. 어떤 결과가 나올까? 비참할 것이다. 지난 밤 단어를 외운 기억은 있지만 모든 것이 애매해진 상태라 머릿속 서랍에서 기억을 제대로 빼내지 못하기 때문이다. 스스로 기억력이 나쁘다고 생각하는 사람들은 대부분 이런 잘못된 공부 패턴에 빠진 경우가 많다.

하지만 밤에 영단어를 외운 뒤 바로 자게 되면 신기한 일이 일어난다. 다음 날 아침 일어나서 어제 외운 영단어를 슬쩍 한번 훑어만 봐도 놀랄 만큼 모든 단어들이 기억날 것이다. 물론 개중에 잊어버린 단어도 몇 개는 있겠지만 말이다.

하지만 그것들은 '분하다'는 감정과 함께 두뇌에 선명하게 각인돼 앞으로는 좀처럼 잊어버리는 일이 없어진다. 어쨌든 마치 다른 사람이 된 것처럼 기억력의 상승을 실감할 수 있을 것이다.

공부에는 크게 두 가지가 있다. 생각하는 공부와 기억하는 공부.

생각하는 공부가 우위에 있고, 기억하는 공부가 그 아래라는 뜻은 아니다. 역할이 다를 뿐 둘 다 중요한 공부다.

단, 그것들을 습득하는 타이밍이 좋지 않으면 단순히 '나는 머리가 나쁘니까'라는 손쉬운 이유를 핑계 삼아 도망칠 가능성이 높아지게 된다.

생각하는 공부는 심신이 원기를 회복한 아침에 해야 한다. 반대로 기억하는 공부는 심신이 다소 지쳐 있는 '자기 직전'에 해야 한다. 예를 들어 영단어나 역사 속 인물 이름 등을 한 차례 외웠다면 잠깐 눈을 붙이는 것만으로도 충분하다. 기억하고 바로 눕는 습관을 들이면

당신은 기억의 달인이 될 수 있다.

생각하는 공부는
심신이 원기를 회복했을 때,
기억하는 공부는
심신이 지쳐 있는 자기 직전에.

— 22 —

**자기 전에 기억한 것을
아침에 복습하면 기억이 확실히 정착된다**

앞서 외우기 위한 공부는 자기 전에 해야 한다고 이야기했다. 여기서는 한 걸음 더 나아가는 데 도움이 되는 이야기를 하려고 한다.

그것은 아침에 일어나 자기 전에 기억한 것을 잽싸게 복습하는 방법이다. 1분이면 충분하다. 복습이라기보다 쭉 훑어보며 확인하면 된다. 그러면 10~20퍼센트의 사라진 기억이 이때 완벽하게 보충되고 그 밖의 기억 역시 보다 더 견고해진다. 그 후에는 통학 시간이나 테스트 전에 편안한 마음으로 시험 볼 내용을 그저 한 차례 살피기만 해도 거의 완벽한 결과가 나올 것이다.

하지만 자기 직전에 외우지 않았거나 아침부터 허겁지겁 외우면 마음만 초조해질 뿐 결과는 비참할 수밖에 없다. 설사 간신히 기억해 낼 수 있다고 해도 시험이 끝나자마자 대부분 잊어버릴 것이다.

그에 비해 자기 전에 외운 것을 아침에 재빨리 복습하면 당신은 시험에서도 최고의 결과를 낼 수 있고, 시험이 끝나고 나서도 얼마 동안은 기억을 보존할 수 있다. 결과적으로 단발적인 소규모 테스트뿐만 아니라 정기 시험, 그리고 본 입시까지 직결되는 기억을 머리에 남길 수 있게 된다.

공부하는 사이에 수면을 끼워 넣는 것만으로도 기억에 큰 차이

가 생기는 것이다.

내가 이와 같은 기억의 구조를 알게 된 것은 대학 시절에 읽은 뇌 과학 책을 통해서다. 유감스럽게도 시기가 늦어 나 자신에게 는 활용하지 못했지만, 가정교사를 하며 지도했던 학생에게 적극 활용해 성적을 쑥쑥 올릴 수 있었다.

예를 들어 한자 암기나 사회 교과서, 영단어장 등은 책상이 아 니라 항상 침대 머리맡에 두도록 지도한 결과 그 과목들의 성적 이 비약적으로 올랐다. 이와 반대로 나와 함께 공부하는 시간은 이과계 과목 같은 생각하는 공부에 대부분 사용했다.

'수면을 위해 적어도 6시간은 확보해 주세요.'

나는 수험생 부모님들에게 위와 같은 동의를 얻어야만 가정교 사 제의를 수락했다. 그리고 '벌러덩 누워 잠깐 눈을 붙이는 것은 아이가 게으름을 피우는 게 아니라 기억을 정착시키고 있기 때 문'이라고 강조하여 부모님들을 안심시켰다.

실제로 자기 머리가 나빠 기억력이 떨어지는 게 아니라는 사 실을 깨달은 학생들은 마치 다른 사람이 된 것처럼 공부에 눈을 떴다.

기억하지 못하는 것은
머리가 나쁘기 때문이 아니다.
아침의 복습을 통해
기억은 놀랄 만큼 강화된다.

— 23 —

**어려운 문제를 풀다 막히면
과감하게 잠을 청해 보자**

수험생뿐만 아니라 누구든지 어려운 문제를 풀다 막힐 때가 있다. 막힌다는 의미에서 사회에 나온 뒤 맞닥뜨리는 문제들은 모두 어려운 문제 같기도 하다.

그동안 대화와 상담을 통해 1만 명 이상의 비즈니스맨을 관찰한 결과 깨달은 사실이 있다. 그것은 바로 학창 시절 수학이라는 과목에서 도망친 사람과 도전한 사람 사이에는 확실한 차이가 존재한다는 것이다.

어떤 문제를 어렵다고 느끼는가는 사람에 따라 차이가 있지만, 어쨌든 수학 문제를 풀다 보면 좌절감을 느끼는 문제를 만나게 된다. 즉, 수학이라는 과목은 좌절감을 경험하기 위해 배우는 학문이라고도 할 수 있다.

좌절해도 계속 도전하는 것이 수학이라는 과목의 속성이다.

입시 공부를 하면서 수학에서 도망친 사람은 좌절하면서도 생각을 멈추지 않는 것으로부터 도망친 사람이다.

입시 공부를 하면서 수학에 도전한 사람은 좌절하면서도 생각을 멈추지 않는 것을 선택한 사람이다.

알다시피 사회에 나오면 누구나 좌절의 연속이다. 아무도 모범 답안을 제시해 주지 않기 때문에 막히는 일투성이다. 이때 입시 공부를 하면서 수학에 도전하고 포기하지 않았던 사람은 '지금 이 상황은 어려운 문제를 만나 막혔던 그때와 똑같군'이라고 퍼뜩 깨닫게 된다. 반대로 수학에서 도망친 사람은 '이 상황에서 어떻게 도망칠 수 있을까'라고 또다시 도망칠 생각부터 한다. 그리고 입시 공부를 하면서 수학에 도전한 사람은

'풀다 막히면 과감하게 잠을 청해 본다'는 지혜를 갖고 있다.

일이나 인생에도 이는 그대로 적용된다.

내가 일하던 컨설팅 업계에서도 대기업 맞춤 전략 컨설턴트로 실력을 발휘하는 사람은 단연코 일류 국립대 이과 출신이 많았다. 반대로 컨설팅 업무리 버리지 못하는 이들의 다수는 단연코 사립대 문과 출신이었다.

그렇다고 지금부터 수학을 다시 공부하라는 이야기는 아니다. 그저 눈앞에서 일어나는 문제를 피하지 않고, 계속 도전하는 자세를 갖는 것만으로도 충분하다.

그리고 도전하다 막히면 도망치지 말고 과감하게 잠을 청해 보는 것이다. 잠에서 깬 당신은 다른 시점과 다른 방식으로 문제에 접근할 수 있을 것이다.

일을 하다 막히면
도망치기 전에 일단 잠을 청해 보자.
잠에서 깨면
다른 시점이 떠오를 것이다.

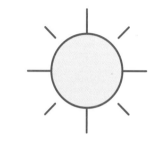

— 24 —

수마와 싸우며 6시간 공부하느니
숙면한 후 3시간 공부하는 게 훨씬 낫다

다급해지면 누구라도 밤샘을 생각하게 된다. 밤샘이라는 것은 대부분 한밤중 12시경부터 시작해 아침 6시경까지 이어진다. 실로 수마와 싸우면서 보내는 지옥의 6시간이라고 할 수 있다.

이때 사람들은 커피를 벌컥벌컥 들이키며 찬물로 수차례 세수를 하고, 경우에 따라서는 고가의 드링크제를 마시면서 기합과 근성으로 공부를 하려 노력한다. 그러나 이것은 실제로는 공부를 했다기보다, 아침까지 깨어 있었다는 만족감을 얻는 행위에 불과하다. 여기서 당신에게 분명히 전달하고 싶은 것은

한 번 밤을 새우면 일주일 이상 생활 리듬이 헝클어지게 된다는 것이다.

밤을 새운 당일은 머리가 멍한 상태라 그 어떤 지식도 더 이상 흡수할 수 없다. 게다가 밤에 숙면을 할 수는 있지만, 이상한 시간에 눈이 떠지게 된다. 그렇게 생활 리듬이 어긋난 날들이 이어지고, 변화에 순응하지 못한 몸은 쉽게 감기에 걸리는 등 불안정한 상태가 된다. 결국 귀중한 인생의 시간에서 일주일 이상을 낭비하게 되는 것이다.

어쩔 수 없이 한밤중 12시부터 공부를 해야 하는 상황이라면, 일단 전반 3시간을 수면으로 채우는 것이 좋다. 먼저 3시간의 수

면을 확보하면 최소한의 휴식은 취할 수 있기 때문이다.

수면 시간을 먼저 확보하는 것은 절에서 시주를 먼저 하는 것과 비슷한 의미를 가진다. '먼저 이득을 보고 나서 거기에 맞춰 시주하겠습니다'라고 말하는 사람은 없을 것이다. 먼저 시주에 해당하는 수면을 내 몸에 선물해야 비로소 공부할 수 있는 이득을 얻을 수 있는 뜻이다.

한밤중 12시부터 3시까지 숙면한 후 상쾌한 머리로 공부하면 아침 6시까지 나머지 3시간은 맹렬한 집중력을 발휘할 수 있다. 이처럼 수마와 싸우면서 6시간 공부하느니 숙면한 후 3시간 공부하는 것이 훨씬 낫다.

물론 3시간 공부로는 부족한 결과가 나올 수도 있다. 그러나 이는 만약 6시간 밤을 새웠다면 더 비참한 결과가 나올 상황이었음을 의미한다.

물론 수십 페이지씩 암기해야 하는 공부의 경우는 새벽 2시까지 암기하고 나서 아침 5시까지 숙면하고 일어나 아침 6시까지 1시간을 복습에 할애하는 등 융통성을 발휘하는 것이 좋다.

중요한 것은 한시가 급한 경우야말로 수면을 잊지 않는 것이다.

수마와 싸우느니 차라리 자는 게 낫다.
숙면을 취해서 머리를 상쾌하게 만들면
시간을 만회할 수 있다.

 25

꾸벅꾸벅 졸면서 버틸 정도라면
90분 후로 알람을 맞추고 지금 당장 자자

공부하다 보면 졸음을 참지 못하고 꾸벅꾸벅 졸 때가 있다. 이런 경우, 수험생은 두 종류로 나뉜다. 꾸벅꾸벅 졸면서도 버티는 수험생과

미련 없이 그대로 자 버리는 수험생이다.

이때 좋은 결과를 만드는 수험생은 미련 없이 자 버리는 후자다. 물론 단순히 자기만 한다고 결과를 만들어낸다는 뜻은 아니다. 졸리면 90분 후로 알람을 맞춘 뒤 깔끔하게 잠에 드는 것이다. 그러고 나서 일어나 공부를 재개하면 된다.

90분의 시간은 어디까지나 하나의 수면 사이클에 불과하다. 따라서 자기에게 맞는 시간을 미리 파악해 두면 좋다. 사람에 따라서는 수면 사이클이 70분인 경우도 있고, 100분인 경우도 있기 때문이다. 중요한 것은 졸려서 잠에 들었을 때 몇 분 후 상쾌하게 일어나는가를 알아 두는 것이다.

나 같은 경우는 그날의 컨디션에 따라 다르지만 대략 69~80분 정도의 수면 사이클을 가지고 있다. 이 정도 자면 상쾌하게 눈을 뜨고 일할 수 있을 만큼 머리가 원 상태를 회복한다.

다시 한 번 말하지만 공부하다 꾸벅꾸벅 조는 것에 죄책감을 느끼는 수험생이 있다면, 그럴 필요 전혀 없다. 조는 것은 의욕이

없기 때문이 아니라 '잠깐 수면을 보충해 주면 그 이후 머리를 풀 가동하겠다'라는 몸의 신호라고 생각해야 한다.

그래서 나는 공부를 하거나 책을 읽는 도중에 졸음이 오면 가슴이 두근거린다. 원래 자는 것을 좋아하는 이유도 있지만, 과감하게 잠깐 눈을 붙임으로써 나를 재가동시키는 것이 더할 나위 없이 즐겁기 때문이다. 또 졸기 직전에 공부한 내용이 자고 일어난 뒤 기억에 또렷이 새겨져 있는 것을 확인하는 과정 역시 즐겁다.

이처럼 꾸벅꾸벅 조는 것은 몸이 수면을 취하라고 재촉하는 대단히 적극적인 행위다. 애처로운 것은 졸면서도 억지로 깨어 있으려고 애쓰는 것이다.

졸음이 몰려오면 과감하게 그대로 자 버리자.

꾸벅꾸벅 졸기 시작할 때가 선잠을 잘 절호의 기회다. '이제 곧 졸겠다'는 직감이 들면 그동안 공부한 것을 기억할 수 있는 최고의 타이밍임을 잊지 말아야 한다.

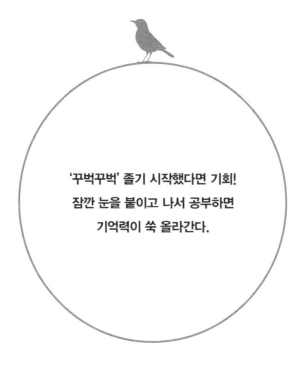

'꾸벅꾸벅' 졸기 시작했다면 기회!
잠깐 눈을 붙이고 나서 공부하면
기억력이 쑥 올라간다.

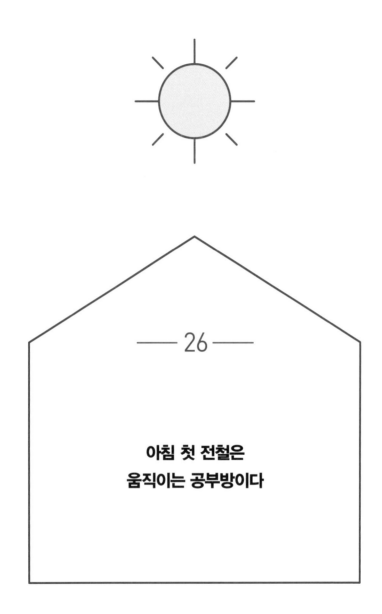

— 26 —

**아침 첫 전철은
움직이는 공부방이다**

아침 첫 전철의 좋은 점은 이른 시간인 만큼 승객이 매우 적어 여유롭게 좌석에 앉을 수 있다는 것이다. 그래서 아침 첫 전철을 움직이는 공부방으로 활용할 수 있다. 사실 공부라는 것은 지나치게 조용해도 집중하기 어려운 경우가 많다.

오히려 적당한 잡음이 있는 편이 보다 효과적으로 공부할 수 있는 법이다.

전철의 경우 '덜컹덜컹 쿵덕쿵덕' 하는 단조로운 소리가 공부에 적당한 잡음이 아닐까 싶다. 이 율동적이고 단조로운 소리가 너무 시끄러워서 공부에 집중할 수 없다는 사람은 별로 없을 것이다.

나 같은 경우는 대학을 졸업하며 입사한 보험회사에서 필요로 하던 자격증 시험공부에 아침 첫차를 이용했다. 아시다시피 금융업계는 입사 직후부터 관련 자격증 시험을 수없이 치러야 한다. 일하는 틈틈이 짬을 내 공부해서 간신히 시험을 통과했다 싶으면, 곧바로 총무과에서 두꺼운 텍스트를 잔뜩 건네기 때문에 항상 공부를 해야 하는 것이다.

이때 내가 주목한 게 아침 첫 전철이었다. 나는 주변 눈치 볼 필요 없이 여유롭게 빈자리에 앉아서 역마다 할당량을 정해 집중

적으로 공부했고, 회사에서 가장 가까운 역에 도착할 때까지 그
날의 할당량을 무사히 마칠 수 있었다.

**이렇게 해서 입사 동기 중에서 가장 빨리 모든 자격증을 취득했
다.**

특히 난이도가 높고 매니악한 시험도 입사 2년차 여름에 단 한
번에 합격, 사보에 내 이름을 올려 모든 직원들을 놀라게 했었다.
이미 수차례 언급한 수면의 힘과 아침 첫차라는 '움직이는 공부
방' 덕택이었다.

나는 아무리 많은 암기 내용도 자기 전에 공부한 뒤, 다음 날
아침 1분간 복습하는 것만으로 여유 있게 극복할 수 있었다. 그
리고 움직이는 공부방인 아침 첫 전철 안에서 역마다 연습문제를
할당한 뒤 문제를 풀고 해설을 이해하는 데 주력했다. 수백 페이
지씩 되는 텍스트도 이런 방식으로 모두 이해할 수 있었다. 내 기
억력이 높아진 게 아니라 기억의 비결을 습득한 게 다였는데 말
이다.

바쁜 사회생활 속에서 공부해야 한다면
아침 첫 전철을 이용해 보자.
혼잡함에서 벗어나 역마다 할당량을 정해
공부에 집중할 수 있다.

— 27 —

**학교와 회사에서
아침 독서 습관을 들이면
모든 문제가 호전된다**

내 책을 읽고 있는 당신도 '아침 독서'의 효과에 대해서 들은 적이 있을 것이다.

컨설턴트 시절 내가 고문으로 일하던 회사 중에서도 아침 독서를 권하는 회사가 있었다. 아침 독서를 하는 학교를 시찰한 적도 있다. 당시 현장의 사장이나 교사들이 입을 모아 말했던 게 있다. 바로 '처음에는 반신반의했지만, 반년 정도 지나니 모든 문제가 호전되기 시작했다'는 것이다.

우선 회사의 경우는 실적이 올라간다. 왜냐하면 직원이 변명하지 않게 되기 때문이다. 변명이라는 것은 뭔가 문제가 발생했을 때 곧장 남의 탓으로 돌리는 것이다. 비즈니스서나 자기 계발서를 읽다 보면

'원인을 남의 탓으로 돌리는 것은 가장 부끄러운 일이다'

라고 모든 책에 반복적으로 적혀 있음을 알 수 있다. 그리고 '우선 나에게 원인이 없는지 돌이켜 보자'라고도 반복적으로 적혀 있다.

실제로 사회생활에서 상사나 동료에게 수차례 지적을 듣다 보면 '시끄러워 죽겠네', '그 정도는 나도 알아'라고 반발하고 싶어지는 법이다.

하지만 꾸준히 책을 읽다 보면 자기 자신과 대화할 수 있게 되고, 그러면 어느 순간부터 자기 자신에게 놀랄 만큼 솔직해질 수 있다. 예를 들어 상사가 추궁할 때마다 변명을 늘어놓던 자기 모습을 깨닫고 얼마나 부끄러운 짓을 했는지 깨닫게 되는 것이다. 그 결과, 원인을 자기에게서 찾아 솔선하여 움직이게 된다. 이렇게 되면 실적이 올라가지 않을 리가 없다.

학교의 경우에는 괴롭힘이 없어진다. 괴롭힘이 발생하는 이유는 상상력이 부족하기 때문이다. 거꾸로 내가 괴롭힘을 당했을 때 어떤 기분이 들지 상상할 수 있다면 어떻게 되겠는가? 남을 괴롭히는 행위는 인간으로서 미성숙하고 부끄러운 행위라는 사실을 깨달을 수밖에 없다. 이렇게 독서를 통해 상상력을 발휘하게 되면 다음과 같은 사실을 깨닫게 된다.

남을 괴롭히는 아이는 시간과 장소가 달라지면 반대로 괴롭힘을 당하게 되는 비참한 존재다.

아침 독서에 만화를 넣어도 좋을지 문제를 제기하는 사람도 있는데 노골적인 코믹물이 아니라면 괜찮지 않을까? 만화 중에도 인생을 변화시키는 걸작은 셀 수 없이 많다.

가장 중요한 것은 사장이나 교사 자신이 직원들과 학생들 앞에서 독서를 좋아하는 모습을 보이는 것이다.

아침 독서로
책을 통해 자신과 대화해 보자.
인생을 바꾸는
걸작과 만나게 될지도 모른다.

공부는 몇 시간 했는가보다
언제 했는지가 중요

chapter
4

인간관계는 아침에 결정된다

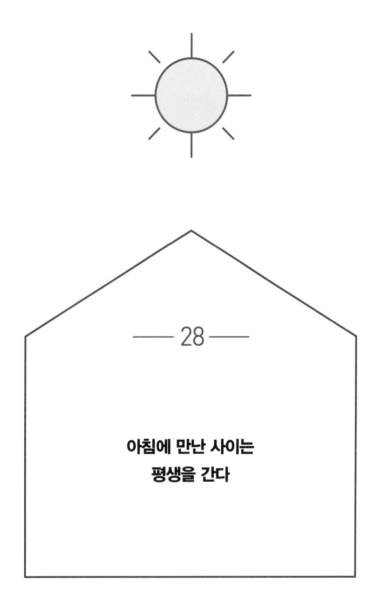

— 28 —

**아침에 만난 사이는
평생을 간다**

당신이 평생 관계가 이어질 거라고 생각하는 사람을 떠올려 보자. 그 사람과는 혹시 아침에 주로 만나지 않는가? 백번 양보해서 최소한 오전 중에 만나지 않는가?

내 친구나 소중한 사람들을 떠올려 보아도 신기하게도 모두 아침에 만난 사람들뿐이다. 물론 주로 밤에 만난 사람과도 친해진 적이 있긴 있지만, 그 만남은 그다지 오래 가지 않았다. 그 원인은 확실하다.

오전 중에는 의도가 없는 만남이 많지만, 오후부터는 의도가 있는 만남이 많기 때문이다.

상대방의 의도가 전해진 순간, 만남의 감동은 급격히 줄어들기 마련이다. 학창 시절 반을 바꾸거나 자리를 바꿀 때, 아침에 가장 먼저 말을 걸었던 사이끼리 친해지는 경우가 많은 것도 그 때문이다.

내가 고등학생 시절부터 지금까지 만나고 있는 친구도 첫 미술 수업에서 마침 앞뒤 자리에 앉으면서부터였다. 누가 먼저 말을 걸었다기보다 자연스럽게 서로 마음을 터놓을 수 있었는데, 그 때문인지 친구와는 여전히 담담히 교제를 이어가고 있다.

대학을 졸업하며 들어간 회사의 내정식에서도 마찬가지였다.

신입이었던 우리는 누가 먼저랄 것도 없이 자연스럽게 말을 걸며 친해질 수 있었다. 사회인이 된 후에도 아침에 제일 먼저 약속을 잡고 만나던 사장들과는 대부분 아직까지 만남이 이어지고 있다. 아침에 만난 사람과는 평생 만날 가능성이 높은 것이다.

누군가와 평생 만남을 이어가고 싶다면 반드시 오전에 만나야 한다.

아침에는 누구나 기분 좋게 있고 싶은 법이다. 가끔 아침부터 화를 내는 사람도 있지만, 그 사람도 화를 내는 게 좋은 게 아니라 마음속으로는 울고 있을 가능성이 높다.

아침에는 사람의 매력을 배가시키는 불가사의한 힘이 숨어 있기 때문에 꼭 이 기회를 살렸으면 하는 바람이다.

아침에는 사람의 매력을 배가시키는
불가사의한 힘이 숨어 있다.
아침에 만난 사람은 평생의 보물이 된다.

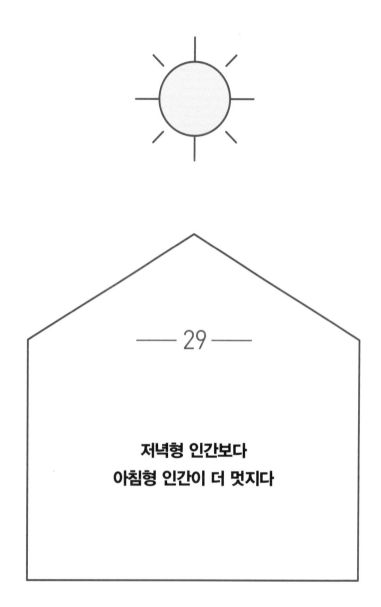

— 29 —

**저녁형 인간보다
아침형 인간이 더 멋지다**

세상에는 저녁형 인간이 무척 많다. 그래서 당신이 밤에 아무리 활기찬 모습을 보여도, 흔한 경우다 보니 다른 사람들과 별 차이가 나지 않는다.

두드러진 차이로 눈에 띄는 것은 아침형 인간이다. 아침에 활기찬 사람은 많지 않기 때문에 아침형 인간은 그만큼 쉽게 다른 사람들의 눈에 띈다. 그만큼 주목받을 수 있는 기회를 가진다는 뜻이다.

특히 일류에 속하는 사람들은 예외 없이 아침형 인간이다. 따라서 일류급을 만나고 싶다면 아침부터 활기찬 모습을 보여야 한다. 그렇지 않으면 대부분의 사람들처럼 단순히 스쳐 지나가는 관계로 끝날 가능성이 높다.

일류에 속하는 사람은 항상 아침형 인간을 찾고 있다.

나 역시 아무리 나이가 젊은 후배라도 아침에 활기차게 일하는 사람을 발견하면 '장래성이 있지 않을까?'라고 긍정적으로 평가하게 된다.

실제로 나도 지금까지 3천 명 이상의 경영진들과 일을 하며 그들에게 호감을 주기 위해 다소 무리를 해서라도 아침에 활기찬 모습을 보이려 노력했다. 그렇게 아침부터 활기찬 모습을 연출하고 있으면 경영진들은 '아침부터 힘이 넘치는군'이란 흐뭇한 표정으로 내게 말을 걸어오곤 했다.

'아침부터 힘이 넘치는군'은 최고의 칭찬이자 '자네는 우리 쪽 사람이군'이라는 의미가 담겨 있다.

특히 활기찬 현역 오너들은 거의 대부분 무서울 정도로 아침형 인간이어서 어두컴컴한 이른 아침의 미팅을 선호하곤 했다. 따라서 이른 아침 미팅을 하는 것이야말로 오너가 나를 컨설턴트로 인정했다는 증거와 마찬가지였다. 실제로 이때 결정된 내용이 오너의 진심인 경우가 많았고, 회사 경영에 그대로 반영되고는 했다.

이처럼 아침 6시경부터 미팅을 하는 것이 일상다반사였기 때문에, 숙박한 호텔 조식이 아침 6시 반부터인 경우에는 조식을 취소하고 곧장 고문으로 있던 회사로 향한 적도 무척 많다.

뿐만 아니라 몇 시간 전부터 일어나 있었던 것처럼 보이기 위해 아침에는 반드시 약간 뜨거운 물로 샤워를 했다. 욕실에서 충분히 증기를 흡입하면 가라앉은 목소리도 생기를 띠기 때문이다. 그리고 헤어스타일링 제품으로 머리에 윤기를 주고, 미리 냉장고에 넣어 차갑게 식힌 안약을 눈에 넣어 눈빛을 맑게 했다. 이렇게

노력한 결과 누가 봐도 아침부터 활기차고 건강해 보일 수밖에
없었다.

일류에 속하는 사람들은
항상 아침형 인간을 찾고 있다.
그런 척이라도 좋으니
아침에 활기찬 모습을 연출하자.

— 30 —

**아침에 일어나 세수할 때 거울 앞에서
힘껏 미소를 지어 보자**

나는 다음처럼 인간을 두 분류로 나눌 수 있다고 생각한다.

"요즘 아무도 미소를 짓지 않아"라고 험악한 표정으로 불평하는 사람.

"요즘 모두가 미소를 짓기 시작했어"라고 웃으며 말하는 사람.

전자는 본인이 미소가 없는 사람이고, 후자는 본인이 미소를 짓는 사람이다. 그리고 험상궂은 표정의 사람 곁에는 험상궂은 표정의 사람이 모이고, 미소 짓는 사람 곁에는 미소 짓는 사람이 모이게 된다. 이것이 자연의 섭리다.

당신이 아침부터 험상궂은 표정을 짓고 있다면? 험상궂은 표정을 한 사람들이 당신 주위에 모이게 된다. 이런 상태로 행복한 인생을 살 수 있겠는가?

'어째서 나는 운이 나쁠까'라고 생각하는 사람은 거울에 비친 자기 얼굴을 똑똑히 살펴보아야 한다.

이때 주의해야 할 점이 있다. 사람은 거울을 볼 때 무의식적으로 좀 더 괜찮은 표정을 짓는다는 것이다. 그것은 평소 주위에서 보는 있는 그대로의 당신이 아니다. 평소 주위에서 보는 당신 표정이란, 거울을 본 순간 자기도 모르게 고치고 싶어지는 추한 표정이다. 얼굴을 보고 나서 0.5초가 지나면 이미 거짓 표정을 짓기 때문에 그 사실을 잊어서는 안 된다.

중요한 것은 거울을 본 순간 지은 자신의 추한 표정을 현실로 받아들여야 한다는 것이다. 그것이 레벨 0이다.

이처럼 추한 표정을 받아들인 뒤, 아침에 일어나 거울 앞에서 한껏 미소를 지어 보는 것이다. 얼굴 근육을 단련한다는 생각으로 상당히 과장해서 웃어 보자. 얼굴 근육을 단련하면서

'이런 표정을 짓는 사람이라면 친구가 되어도 좋겠지'라고 생각되는 자신의 표정을 발견하려 노력하는 것이다.

그리고 그 표정을 기억하자. 매일 아침 반복해 거울을 보지 않아도 원하던 표정을 지을 수 있게 되면 레벨 1을 통과했다고 볼 수 있다. 레벨 2는 의식하지 않아도 그 표정을 지으며 일상을 살아갈 수 있게 되는 것이다.

이 단계가 되면 진심으로 '요즘 모두가 미소를 짓기 시작했어'라고 생각하게 될 것이다.

당신이 미소 지으면
주위 사람들도 미소 짓는다.
아침에 얼굴 근육을 단련하여
최고의 미소를 지어 보자.

 31

**아침 인사는 100퍼센트
내가 먼저 하는 원칙을 지키자**

인사에 관해 자기만의 지론을 전개하는 사람들이 많다. 특히 요즘에는 매너를 가르치는 강사들이 늘어나, 여기저기서 자신의 지론을 전개하고 있다.

하지만 아이러니하게도 매너 강사 중에 느낌이 안 좋은 사람이 꽤 많다. 강사 본인이 매너를 갖추고 있지 않은데, 그 강사에게 매너를 배우고 싶은 사람이 있을까? 매너가 갖춰져 있지 않은 강사가 여기저기에 잘못된 매너를 퍼뜨리고 있는 것이다. 그리고 그 매너의 기본이 바로 '인사'다.

인사에 대한 내 충고는 매우 단순하다. 복잡하고 쓸데없는 생각은 잠시 접고 '좋은 아침입니다'라는 인사는 100퍼센트 내가 먼저 한다고 정하는 것이다.

물론 언제 어디서나 활기차게 큰 소리로 인사할 필요는 없다. 자리의 분위기에 따라서는 간단한 목례로 인사를 끝내야 하는 경우도 많다. 하지만 그런 경우에도 내가 먼저 목례를 해야 한다. 놀랍게도 단지 이것만으로도 상대방에게 불평을 듣는 일이 사라질 수 있다.

인사는 정말 그 정도만으로도 충분하다. 그럼에도 그렇게 하지 못하는 사람이 우리 주위에는 무척 많다. 실제로 뛰어난 능력의 소유자임에도 불구하고 중간에 갑자기 실각한 전직 엘리트들을 보면, 대개 인사성에 문제가 있던 경우가 많다. 가요계나 예능계에서도 인사성에 문제가 있어 인기가 추락하는 경우를 심심찮게 보게 된다. 특히 아침 인사는 매너의 의미에만 국한되지 않는다.

먼저 '좋은 아침입니다'라고 인사하면 그날의 주도권을 쥘 수 있다.

설사 당신의 직급이 아래라도 먼저 상사에게 인사하면 상사도 인사를 받아주지 않을 수 없다.

즉, 먼저 인사함으로써 당신이 상사를 움직인 셈이 되는 것이다.

이렇게 인사라는 것은 슬며시 양자 간에 역학 관계를 발생시킨다. 당신이 상사인 경우에는 부하 직원에게 먼저 인사함으로써 더 큰 주도권을 잡는 계기를 만들 수 있다. 혹시 인사를 무시하는 사람이 있더라도, 개의치 않고 인사를 계속하면 주위에서는 자연히 당신을 응원하게 된다. 내가 먼저 인사하지 않을 이유가 없는 것이다.

먼저 하는 사람이
이득이라는 마음으로 인사하면
당신이 주도권을 잡는 계기가 될 수 있다.

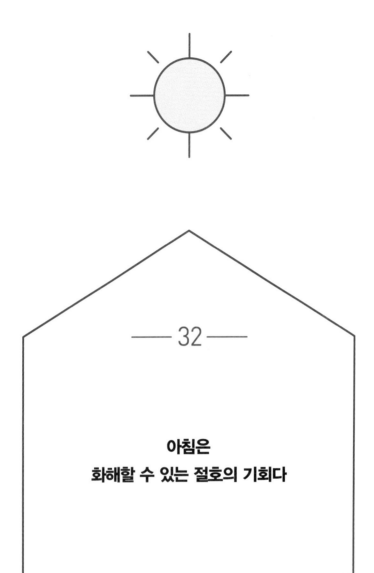

— 32 —

**아침은
화해할 수 있는 절호의 기회다**

인간관계를 회복하고자 한다면 아침이 기회다. 아침부터 싫은 소리를 하고 싶은 사람은 아무도 없다. 따라서 대부분 좋은 사람 모드가 되기 쉽다. 물론 아침부터 기분이 안 좋은 사람도 있으니 분위기를 파악할 필요가 있지만

대부분의 경우, 아침에는 누구나 기분이 좋은 편이다.

따라서 만약 당신이 잘못한 게 있다면, 아침에 타이밍을 잘 맞춰 성심성의껏 사죄를 하면 용서 받을 가능성이 높다. 설마 아침부터 누군가가 사죄를 하리라고는 생각하지 못하기에 상대방은 미처 분노의 감정을 준비하지 못한 상태다. 그래서 불의의 타격을 입은 표정을 지으며 자기도 모르게 용서하게 된다.

나 역시 직장인 시절 사죄할 일이 있을 때는 반드시 아침에 했는데, 그때 내가 생각한 것은 딱 두 가지였다. 가능한 한 단 둘이 있을 때 사과하고, 목소리는 작아도 힘을 줘 사과하는 것이었다.

둘만 있어야 하는 이유는 간단하다. 둘만 있으면 서로의 입장에 관계없이 주위의 시선을 신경 쓰지 않고 얼마든지 사과할 수 있기 때문이다. 심지어 무릎을 꿇든 뭐든 다 할 수 있는 것이다.

나직하지만 힘 있는 목소리로 사과해야 하는 것은 그렇게 해야 상대방이 내가 정말 반성하고 있다고 느끼기 때문이다. 이것

은 일류 호텔리어가 고객에게 사과하는 모습을 관찰하면서 알아낸 방법이다.

살짝 어깨를 움츠리고 나지막한 목소리로 힘줘 사과하면, 상대방은 더 이상 책망하기 어려워지는 법이다.

내가 20대 시절, 모 대기업 증권사 사장이 폐업을 하며 TV 앞에서 완전히 이와 똑같은 방식으로 사죄하는 것을 본 적이 있다. 이 방식 때문인지 그 후로 그 개인을 집중 공격하는 사람은 없었다. 반대로 언제까지고 끈덕지게 매스컴의 공격을 받는 사람도 있는데, 대부분 어설픈 방식으로 사죄하기 때문이다.

그럴싸한 말을 걸러내면 정말 반성을 했는지 아닌지는 사실 문제가 아니다. 주위에 정말 반성하는 것처럼 보이는 게 중요하다는 뜻이다. 인간은 자기보다 힘 있는 사람이 반성하는 모습을 보는 것을 매우 좋아하는 생물이다.

인간관계 회복에는 아침이 기회.
둘만 있을 때 작고 힘 있는 목소리로 사과하자.

— 33 —

**높은 사람과 약속을 잡지 못하는 이유는
항상 오후를 노리기 때문이다**

"높은 사람과 좀처럼 약속을 잡을 수가 없다"는 젊은 세일즈맨의 고민 상담을 받은 적이 있다. 대부분의 세일즈맨은 '높은 사람과 만나는 것=돈벌이'로 생각한다. 문제는 높은 사람은 세일즈맨을 만나는 것에 별 장점을 느끼지 않는다는 것이다.

높은 사람의 주변은 이미 일류 인맥으로 넘쳐나고 있다.

출판사 편집자도 이와 비슷한 고민에 시달린다. 책을 내고 싶어 하는 사람은 많지만, 실제로 출판사가 원하는 사람은 성공한 경우가 많기 때문이다. 성공한 사람은 이미 브랜드가 확고하게 구축되어 있어서 굳이 책에서 나오는 인세로 돈을 벌 필요가 없는 것이다.

나도 20대 시절에는 높은 사람과 약속을 잡는 문제로 많은 고민을 했는데, 사실 우직하게 실력을 쌓은 후에 자연스러운 만남을 기다리는 게 최고의 방법이다. 하지만 무슨 일이 있어도 약속을 잡고 싶다면 의외의 방법 한 가지가 있다. 바로 약속을 잡을 때 이른 아침 시간을 요구하는 것이다.

대부분의 사람들은 높은 사람과 약속을 잡을 때 오후를 생각한다. 하지만 그런 생각은 누구나 마찬가지여서 높은 사람의 오후는 이미 약속으로 가득 차 있다. 1년 후 오후까지 약속이 차 있는 게 높은 사람의 일상이다.

그때 공략할 수 있는 것이 조조 시간대다. 탑 세일즈맨 중에는 이른 아침 회사 입구에서 잠복하며 사장이 출근하기를 기다리는 수완가도 있다. 사장에게 아침 일찍 메일이나 문자를 보내고, 사장이 이를 확인한 순간 "지금 시간 어떠세요?"라고 전화를 걸어 사장과 만나는 이도 있다.

이런 이야기를 하면 반드시 "저도 똑같이 해봤지만 소용없었어요"라며 반론하는 이가 있을 것이다. 우선 아침 시간대를 노린 것은 충분히 칭찬할 만한 일이다. 그러나 이때도 생각해야 할 것이 있는데

자기만의 아이디어를 추가하지 않으면 성과가 나올 리 없다는 것이다.

이른 아침이라는 힌트에 더해 약속을 잡는 방법은 얼마든지 다양하게 존재한다는 것을 인식하는 게 중요하다. 어쨌든 무리를 해서라도 높은 사람을 만나고 싶다면 한가롭게 오후에 약속을 잡고 있을 때가 아님을 기억해야 한다.

높은 사람을 만나고 싶다면
라이벌이 적은 아침을 노릴 것.
다양한 아이디어로 기회를 잡아라!

— 34 —

**평일 아침까지 마시고
다음 날 아침 가장 먼저 출근하면
신뢰도가 상승한다**

요즘은 예전보다 직장 회식이 꽤 많이 줄어들었다. 그래도 직장 생활을 하다 보면 1년에 몇 번쯤은 밤늦게까지 술을 마시며 이야기할 일이 있다. 극소수이긴 하지만, 회사에 따라서는 여전히 20세기 스타일의 밤샘 접대를 하는 경우도 있을 것이다.

내가 직장인이었던 시절에는 아침까지 술을 마시려는 동료들이 많았다. 잘나가는 거래처와 술자리를 가질 때는 마지막 전철이 끊겨도 뒤풀이가 계속되는 경우가 흔했다.

이때 기회가 찾아오는 것은 당신이 아침까지 술을 마셨을 때다.

술을 마시다 보면 취한 상사가 "내일은 오후에 나와도 괜찮아"라고 당신을 위하는 척 말할 때도 있을 것이다.

하지만 당신은 결코 그 말에 기대서는 안 된다. 밤늦게까지, 심지어 동이 틀 때까지 술을 마셨을 때야말로 집에 잠깐 들러 샤워를 하고 옷을 갈아입고 곧바로 출근해야 한다. 그것도 평소보다 더 말끔한 모습으로 아침 일찍 출근해야 한다.

만일 당신을 제외한 부서원 모두가 상사의 말을 믿고 오후에 출근했다고 치자. 그럼 당신은 아침 일찍 출근한 것만으로도 주목받을 것이다. "어? 저 녀석은 어젯밤 회식에 참석하지 않았었나?"라고 다른 과, 다른 부서 멤버들이 쑥덕거리게 될 테고, 이런 이야기들이 몇 차례 반복되면 반드시 상사의 귀에 들어가게 된다. 그렇게 되면 상사도 당신을 높이 평가하지 않을 수밖에 없다.

그뿐만이 아니라 "저 녀석은 장래성이 있어"라고 다른 부서 상사의 평가가 확실히 올라갈 것이다.

과장된 이야기가 아니라, 출세는 이런 사소한 신용들이 축적되면서 결정되는 법이다.

극단적인 표현이긴 하지만, 아침 일찍 출근하기만 하면 오후에 외근을 나가는 척하면서 그대로 집에 가서 쉬는 요령을 부려도 괜찮다.

실제로 직장인 시절 나는 그렇게 했다. 나는 두 군데 회사에서 직장 생활을 경험했는데, 모든 조직에서 '초인적인 체력의 소유자'라는 굳건한 브랜드를 구축할 수 있었다. 그렇게 보여주는 노력을 아끼지 않았다.

당신이 체력이 강해서 아침형 인간인지 아닌지는 문제가 아니다. 아무리 뜯어봐도 체력이 강해서 아침형 인간인 것처럼 보이는 것이 중요하다는 뜻이다.

아침까지 술을 마신 당일에도
꼿꼿한 모습으로 일찍 출근하자.
그것만으로도
당신의 평가는 확실히 올라간다.

— 35 —

**매일 아침
같은 전철을 타는 사람은
비슷한 인생을 살고 있다**

당신이 매일 아침 같은 시각에 같은 전철의 같은 차량을 타고 있다면, 틀림없이 다음과 같은 사실을 깨닫게 될 것이다. 상당수 승객들의 면면이 동일하다는 것을. 역의 승강장에서 보는 얼굴도 대부분 같은 사람들이지 않은가? 한 단계 더 나아가 생각하면 이런 사실도 깨닫게 될 것이다.

그 사람들은 당신과 비슷한 인생을 살고 있다.

상대가 당신과 같은 나이대라면, 비슷한 수준의 회사에서 비슷한 연봉을 받고 비슷한 모습을 하고 있을 가능성이 높다. 상대가 당신보다 연상이라면 '나도 앞으로 저렇게 되겠구나'라고 예상하게 만드는 분위기를 풍기고 있을 것이다.

신입 직원 시절 어느 날, 나는 문득 그런 의문을 품고 매일 타던 전철의 탑승 시간을 일부러 앞뒤로 당기거나 늦춰 본 적이 있었다. 그리고 승차 시간에 따라 사풍(社風)이 아니라, 소위 차풍(車風)이 크게 다르다는 사실을 깨달았다.

이른 전철을 탄 승객 중에는 활기차고 향상심이 강한 사람들의 비율이 높았다.

이른 아침의 한가한 전철 안에서 젊은이들은 뭔가를 열심히 공부하고 있었고, 중년들은 여유 있게 화제의 베스트셀러나 하드 커버가 달린 책을 읽고 있었다. 물론 시종일관 깊은 잠에 빠져 있는 사람도 몇몇 있었지만 말이다.

반대로 늦은 아침의 전철에는 활기가 없는 사람이 많았다. 안 좋은 표현이지만, 어딘가 멍하고 마치 유령 같은 분위기의 직장인 비율이 높았다. 또 시간에 맞춰 빠듯하게 사는 사람의 비율이 높기 때문인지, 안절부절못하거나 일촉즉발의 문제가 발생하기 쉬운 분위기였다.

이런 경험을 통해 나는 확신했다. 매일 아침 같은 전철을 타는 사람은 같은 인생을 살고 있다는 사실을. 또한 내가 활기가 넘치는 상태라도 활기 없는 느지막한 전철을 수백 수천 번 타게 되면 나의 활기도 조금씩 시들어 가게 된다는 것을. 결과적으로 당신의 미래 또한 시들어 가는 것이다.

이 내용을 읽은 당신이 '앗, 이건 바로 내 이야기잖아!'라며 식은땀을 흘렸다면 아직 가망이 있다. 이제부터 아침에 타는 전철을 바꾸면 충분하다.

이른 아침 전철에는
활기차고 향상심이 강한 사람들이 타고 있다.
인생을 호전시키고 싶다면
아침 일찍 전철을 타자.

어떻게 해야 할지 모르겠다면
....
아침에 약속을 잡자
....

chapter
5

연애는 아침에 결정된다

— 36 —

밤에 반하면
아침에는 마음이 식지만,
아침에 반하면
밤에도 마음이 식지 않는다

나는 경영 컨설턴트 시절 고급 클럽을 좋아하는 광고대리점 사장과 일을 한 적이 있다. 그 때문에 일이 끝나면 밤에는 반드시 클럽에 같이 가야 했는데, 지금 생각해 보면 접객업 비즈니스 모델을 공부할 수 있는 좋은 기회였다.

가게 안 어슴푸레한 조명 덕에 한껏 꾸미고 있는 여자들은 모두 최고의 '여자'로 보이기 마련이다. 아무리 별 볼일 없는 여자도 최고의 미인으로 보이도록 철저히 계산된 것이다. 그 사실을 뼈저리게 깨닫게 된 계기가 있었는데, 그 사장이 당시 한창 빠져 있던 아가씨를 근무 시간 외에 호출해서 만났을 때였다. 그때 등장한 아가씨는 가게에서 보았던 사람과 완전히 달랐다. 지극히 평범한, 아니 확실히 말해 촌스러운 여자애에 불과했다. 게다가 그 사장은 나를 배려해 다른 아가씨도 한 명 불렀는데, 그녀 역시 가게에서 봤던 광채는 조금도 남아 있지 않았다.

나는 생각하는 게 그대로 얼굴에 드러나는 타입이라, 민감한 그녀들은 내 느낌을 바로 알아챘을 것이다. 이 경험과 내가 과거에 겪었던 경험이 오버랩되면서 나는 한 가지 사실을 확신할 수 있었다.

밤에 반하면 아침에 감정이 식어 버리지만, 아침에 반하면 밤에도 감정이 유지된다는 것이다.

프로젝트 종료 후, 속내를 털어놓는 사이가 된 내가 그 이야기를 하자 사장이 웃으며 말했다.

"바로 그거야! 그래서 가게에서 느낀 여운이 남아 있을 때 아가씨를 바로 안아야 돼. 낮에 만나면 절대 불가능하거든. 보통 이하로 보이니까 말이야."

연애도 이와 같다. 밤에 추파를 던지는 사람들이 많은데, 밤에 누군가를 유혹하면 결국 하룻밤에 불과한 관계로 끝날 가능성이 높다. 처음부터 하룻밤 즐기는 관계로 선을 긋는다면 그것도 나쁘진 않다. 하지만 그건 애초에 연애가 아니다.

혹시 진심으로 누군가를 사랑하고 싶다면 밤에 보는 그 사람의 모습이 아니라, 아침에 보는 그 사람의 모습에 반해야 한다.

상대방이 아침에 짓는 표정에 반한다는 것은 정말로 그 사람을 좋아한다는 뜻이다. 아침에 반한 사람과 함께 보내는 밤이야말로 최고의 밤인 것이다.

진심으로 누군가를 사랑하고 싶다면
밤에 본 얼굴이 아니라 아침에 본 얼굴에 반할 것.
아침에 반한 사람과 함께 최고의 밤을 보내자.

연애는 아침에 결정된다

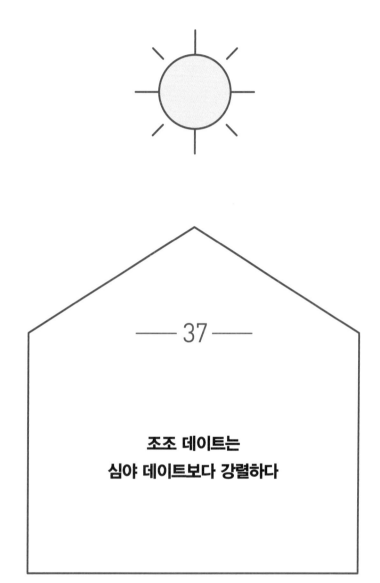

—— 37 ——

**조조 데이트는
심야 데이트보다 강렬하다**

데이트는 보통 밤에 즐길 때가 많다. 하지만 학창 시절과 달리 사회인이 되면, 갑자기 업무가 생기는 등의 이유로 내 맘대로 시간을 조정할 수 없다 보니 아무래도 애인과 밤에 만나기가 어려울 때가 많다. 결국 자주 만나지 못하는 불만 때문에 종종 싸우게 되는데, 그건 그래도 아직 서로에게 애정이 있다는 뜻이다.

점점 불만조차 느끼지 않게 되면 싸우지도 않게 된다.

이는 이제 사랑이 끝났다는 증거다. 어쩌면 당신도 이런 괴로운 경험을 했을지 모르는데 그때 추천하고 싶은 개선책이 있다. 바로 조조 데이트를 하는 것이다. 내 말을 듣고 비웃을지도 모르지만, 심야 데이트보다 조조 데이트가 훨씬 더 강렬하다고 단언할 수 있다.

우선 조조 데이트는 심야 데이트와 달리 주위가 매우 조용한 경우가 많다. 당연한 생각일 수 있지만

주위가 조용하면 그것만으로도 이 세상에 둘만 있는 것 같은 착각에 빠지게 된다.

그러면 마치 영화 속 주인공이 된 것처럼 분위기가 고조되는

경험을 하게 될 것이다. 또 심야 데이트에서는 절대 발견할 수 없는, 이른 아침이 아니면 불가능한 데이트 장소를 찾아낼 수도 있다. 이런 둘만의 데이트 장소는 말 그대로 둘만의 비밀이라서 심야보다는 이른 아침에 몇 배, 아니 몇 십 배 더 사랑에 빠져들 수 있다. 조조 데이트는 사랑을 돈독케 하는 절호의 기회인 것이다.

매너리즘에 빠졌다면 조조 데이트를 해볼 것.
둘만의 조용한 세상에서 사랑을 돈독히 하자.

 — 38 —

**조조 데이트를 하면
약속 시간에 늦지 않게 된다**

데이트를 하면서 다투는 것은 약속 시간에 늦는 것이 원인인 경우가 많다. 그리고 약속 시간에 늦는 사람은 대부분 정해져 있기 마련이다.

개인적으로, 지각하는 사람과는 헤어지라고 말하고 싶지만 그럼에도 불구하고 상대방이 좋다면 어쩔 수 없는데, 어쨌든 상대방이 늦는 이유는 밤에 약속을 하기 때문이다.

신기하게도 밤에 약속을 잡으면, 상습적으로 지각하는 사람은 '좀 늦어도 괜찮다'고 생각하게 된다.

그뿐만이 아니다. 약속 시간을 늦게 정하면 정할수록 늦어도 괜찮다고 생각하는 이들이 많다. 일을 하다 데이트를 하러 가야 하는 상황이라면 인간은 무의식적으로 지금 하는 일을 우선하기 마련이다. 결국은 '여차하면 호텔에서 자면 되고……', '어차피 호텔에서 잘 거니까……'라고 생각하는 사이에 상대방도 정나미가 떨어지면서 점점 사이가 멀어지게 된다.

지각 상습범에게 효과적인 방법은 밤이 아니라 아침에 약속을 하는 것이다. 이럴 경우 지각 상습범은 지각 정도가 아니라 매번 약속 시간을 넘겨서까지 늦잠을 자는 상대와 다시는 지각하지 않는 상대 둘로 나뉘게 된다.

전자와는 두 번 다시 만날 일이 없다. 그대로 관계가 소멸되게 두면 끝이다. 상대는 당신보다 잠이 먼저였기 때문에 바람맞았다는 사실을 인정할 수밖에 없다. 졸음을 참으면서까지 당신 얼굴을 보고 싶지 않다고 행동으로 보여 주고 있는 것이다. 이 현실을 외면하면 안 된다.

반대로 늦지 않게 약속 시간을 지키게 된 상대와는 계속 사랑을 키워 나가도 좋다. 이른 아침에는 전철도 자주 다니지 않기에 상대는 진지하게 약속 시간을 지키려고 하게 될 것이다. 마찬가지로 회사의 출퇴근 시간은 미리 정해져 있기 때문에 당신과 만나는 일분일초를 소중하게 보내려고 할 것이다.

시간을 소중히 생각한다는 것은 상대의 목숨을 소중히 생각한다는 뜻이라고 여겨야 한다.

밤이 아니라 아침에 만날 약속을 하면
일분일초를 소중히 생각하게 된다.

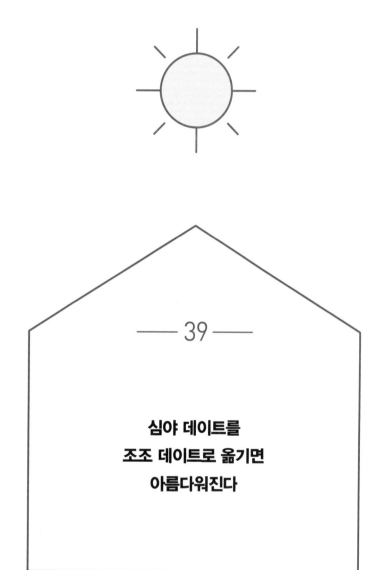

— 39 —

**심야 데이트를
조조 데이트로 옮기면
아름다워진다**

여성은 심야 데이트를 조조 데이트로 옮기면 확실히 더 아름다워진다. 알다시피 심야 데이트를 하면 대체적으로 술과 담배가 따라오게 된다. 직접 술 담배를 하지 않더라도 상대방이나 주변에서 한다면 안 좋기는 마찬가지다. 특히 담배 연기가 몸에 안 좋다는 것은 주지의 사실이다. 만약 당신이 술 담배를 좋아한다면 심야 데이트가 건강을 더 악화시킬 것은 불을 보듯 빤하다.

과학적인 데이터에 따르면 일본인의 절반 가까이가 유전적으로 술에 약하다고 한다. 유전적으로 약한데도 난 강하다는 착각에 술을 계속 마시면 식도암을 비롯해 내장기관에 관련된 암에 걸릴 확률이 비약적으로 높아질 수밖에 없다. 담배에 관해서는 이미 잘 알다시피 암 전문의라면 "폐암에 걸리고 싶다면 적극적으로 흡연하시죠"라고 말할 것이다.

일례로 매일같이 술 담배를 하지 않고는 견딜 수 없는 여성과 술 담배를 일절 하지 않는 여성은 40대 이후 피부 건강에 있어 극명한 차이를 보일 수밖에 없다. 주위에서 매일 술 담배를 즐기는 40대 여성을 살펴보라. 남자처럼 거칠어진 목소리와 칙칙해진 안색을 발견할 수 있을 텐데, 여자라면 절대 그렇게는 되고 싶지는 않을 것이다.

당장 술과 담배를 끊으라고 주장하고 싶은 것은 아니다. 적어도 데이트를 할 때만큼은 아침 일찍 하라는 것이다. 그러면 건강에 해로운 술 담배도 줄일 수 있다고 말하고 싶은 것이다. 게다가 조조 데이트를 하면 자연스레 생활 리듬도 아침형으로 바뀌기 때문에 밤늦게 술을 마실 일도 적어진다.

규칙적인 생활이 건강에 도움이 되듯 조조 데이트를 하며 아침부터 좋은 음식을 먹으면 술이나 담배와는 다른 음식의 맛에 눈뜨게 될지도 모른다. 술보다 신선한 야채 주스가 맛있다는 사실을 발견하게 될 수도 있다.

식후에 피우는 담배 한 모금보다 식후의 산책이 더 쾌적하다는 사실을 발견하게 될 수도 있다.

이상은 여성에게만 해당하는 이야기가 아니다. 남성도 지속적으로 술 담배를 많이 하게 되면 40대부터 추레한 아저씨의 외길 인생을 걷게 된다. 젊었을 때 아무리 매력적인 외모였더라도 안색이 칙칙해지기 시작하면 아웃이다.

피부 노화가 감지되기 시작한 여성에게는
조조 데이트를 추천.
술 담배와 멀어지면서 건강해질 수 있다.

— 40 —

**불쾌한 일이 있어도
다음 날 사랑하는 사람과 만날 수 있다면
푹 잠들 수 있다**

불쾌한 일을 겪은 날에는 잠이 안 온다는 사람이 많다. 그래서 불쾌한 일이 있으면 많은 사람들이 혼자서는 견디지 못하고 저도 모르게 주위에 말을 걸고 하소연을 하게 된다. 그러나 그런 일이 거듭되면 차츰 주위에서는 당신을 피곤해 하고, 최악의 경우 당신은 고립무원의 처지에 빠지게 될 가능성이 높다. 특히 여성 중에 이런 경험이 있는 사람이 많을 것이다.

현명한 여성은 불쾌한 일이 있어도 주위에 마구 소리치지 않는다.

왜냐하면 스스로에게 자신이 있기 때문이다. 그리고 이런 자신감의 근원에 바로 사랑이 있다. 아무리 불쾌한 일이 있어도 다음 날 아침이 되면 사랑하는 사람과 만날 수 있기 때문에 아무래도 상관없는 것이다.

'오늘도 불쾌한 일이 있었어'라는 생각이 들다가도 곧바로 '뭐 어때? 어차피 내일은 사랑하는 사람이랑 만날 수 있잖아'라며 방긋 웃게 되는 것이다. 회사에 잔소리꾼 고참 여직원이 있어도 '이 사람, 남자를 만난 지 몇 년이나 됐을까'라고 진심으로 동정해 줄 수 있고, 회사에 얄미운 상사가 있어도 '이 아저씨, 어차피 부인에게도 존경받지 못할 거야'라고 진심으로 동정해 줄 수도 있는 것이다.

사람은 진심으로 동정하는 상대라면 선뜻 용서를 베풀 수 있다. 당신이 여자라면 이 말의 의미를 잘 이해할 수 있을 것이다. 여자들의 세계에서는 아무리 일을 잘해도, 아무리 지위가 높아도, 아무리 높은 연봉을 받아도, 충분한 사랑 앞에서는 지극히 사사로운 일일 수밖에 없다.

반대로 충분한 사랑이 없는 상태에서는 아무리 일을 잘해도, 아무리 지위가 높아도, 아무리 높은 연봉을 받아도, 여자라는 존재는 허무해질 뿐이다.

물론 남자도 사랑하는 여자와 마음으로 이어져 있다면 충만함을 느낀다. 모든 남성은 크든 작든 마더 콤플렉스를 갖고 있다. 그렇기에 모성이 자기를 지키고 있다는 사실을 실감하면 일이든 인생이든 과감하게 도전할 수 있는 법이다.

잘 자는 사람은 정신적으로 안정된 사람이라고 할 수 있다.

정신적으로 안정된 사람은 사랑하는 사람과 마음으로 이어져 있다. 사랑하는 사람과 마음으로 이어지기 위해서도 조조 데이트를 활용하는 것이 좋다.

잠을 잘 자는 사람은 정신적으로 안정된 사람.
정신적으로 안정된 사람은
사랑하는 사람과 마음으로 이어진 사람이다.

— 41 —

심야에 하는 키스는 성욕.
아침에 하는 키스는 사랑

남자건 여자건 좋아하는 상대와 키스하고 싶은 건 지극히 자연스러운 흐름이다. 단, 키스에는 두 종류가 있다. 성욕에 의한 것과 사랑에 의한 것 말이다.

심야에 하는 키스가 성욕에 의한 것이라면, 아침에 하는 키스는 사랑에 의한 것이다. 특히 남자가 심야에 키스를 재촉한다면 그건 그 여자와 섹스하고 싶은 것이라고 생각해도 무방하다.

남자는 키스를 하지 않으면 여자가 섹스를 할 생각이 없는 것이라고 착각한다. 그래서 키스부터 하려고 든다. 그러나 여자는 상대와 마음이 이어져 있다고 확신하면 안도감이 커지고, 비로소 남자와 키스하고 싶은 마음이 되는 것이다.

섹스도 그 연장선상에 불과하다. 그래서 여자는 남자와 달리 상대와 마음이 이어져 있다는 확신과 함께 상대와 키스할 수 있다면, 섹스를 하지 않아도 남자만큼 심각하게 가슴에 응어리가 맺히지 않는다.

반대로 남자가 아침에 먼저 키스를 한다면 그것은 그 여자가 사랑스럽기 때문이다. 특히 신혼부부나 막 동거를 시작한 커플에게서 종종 볼 수 있듯이

외출하면서 남자가 먼저 키스하는 경우는 여자가 너무 사랑스럽기 때문이다.

이렇게 생각하면 여성이 남성에게 진정 원하는 키스는 아침 키스인 셈이다.

물론 상대방이 심야에 키스를 재촉하는 것은 당신의 육체가 그만큼 여성으로서 매력적이라는 뜻이기 때문에 그건 그것대로 자부심을 가지면 된다. 하지만 사랑이 담긴 키스를 원한다면 아침에 키스를 받을 수 있도록 자신의 매력을 갈고닦아야 한다.

그러나 "왜 아침에 내게 키스해 주지 않는 거야!"라고 남자에게 독촉한다면 어떻게 될까? 당황한 남자는 당신에게서 마음이 멀어질 뿐이다. 남자가 매일 필사적으로 일과 싸우고 있듯이 여자도 매일 필사적으로 스스로와 싸우며 성장해야 한다. 육체적인 매력을 가꾸는 것은 물론

이렇게 책을 읽거나 해서 남자의 마음에 대해 공부해야 한다.

매일 아침 남자가 당신에게 키스하려고 한다면 사랑을 위한 당신의 노력은 옳은 방향으로 가고 있는 것이다.

사랑이 담긴 키스를 받고 싶다면
스스로를 가꿔
아침에도 키스하고 싶은 여성이 되자.

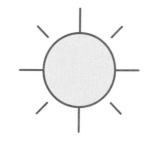

— 42 —

**밤에는 어둠으로 속일 수 있어도
아침 햇살 아래서는 속일 수 없다**

에디슨은 '밤에도 낮처럼 환하게 생활할 수 있게 될 것'이라는 믿음 아래 전구 실험을 반복했다. 그 덕에 우리는 밤에도 환하게 생활할 수 있게 되었다.

하지만 실제로는 어떨까. 빛에 관한 기술이 아무리 발달해도 한낮의 햇살에는 미치지 못한다. 앞으로도 인공 빛이 태양 빛과 어깨를 나란히 할 일은 없을 것이다. 다소 문학적인 이야기지만

밤이라는 것이 존재하는 이유는 뭔가 감출 게 있기 때문이 아닐까?

많은 악행은 밤에 이뤄지는 법이다. 더러운 사실을 감추기 위해 임시방편으로 은폐를 하듯이 말이다. 사람은 어두워지면 뭔가를 감추고 싶은 본능이 있는 것이다.

하지만 이 본능에 기댔다간 호되게 당할 수 있다. 밤에는 어둠으로 속일 수 있을지 몰라도, 아침 햇살 아래서는 속일 수 없기 때문이다. 밤에는 두꺼운 화장으로 본모습을 속일 수 있을지 몰라도, 아침에는 두꺼운 화장으로도 속일 수 없다.

사실 밤에도 두꺼운 화장으로 속이는 건 불가능하다. 어른스러운 남자는 이를 입 밖으로 내어 말하지 않을 뿐이다. 여자가 아무리 두꺼운 다리나 커다란 엉덩이를 감추려고 해도 남자의 눈에

는 빤히 다 보인다. 여자가 아무리 하이힐을 신어 짧은 다리를 길게 보이려고 해도 남자는 힐 높이를 제외한 뒤꿈치부터 가랑이까지의 길이를 지극히 엄밀한 눈으로 재고 있다.

여자는 남자가 둔하다고 생각하지만, 그것은 여자의 마음에 둔한 것일 뿐이다. 여성의 외모에 남자는 터무니없이 까다로운 법이다. 왜냐하면 남자는 여자의 외모에 흥분함으로써 자손을 남기려고 하는 생물이기 때문이다.

이 점에 정면으로 반발할 수 있는 남자는 아마 없을 것이다. 요즘에는 외모를 보고 남자를 고르는 여자들도 늘고 있는데

남자는 그보다 100만 배는 여자의 외모에 집착한다는 걸 기억해 두자.

여성들은 남자들의 외모 집착을 얕봐서는 안 된다. 여자가 진심으로 외모를 가꾸고 싶다면 아침 햇살 아래서도 살아남을 수 있을 만큼 가꿔야 한다.

아침 햇살 아래서도 빛날 수 있도록
스스로를 가꾸자.
남자들은 그런 여자를 가만히 두지 않는다.

— 43 —

**아침에 보는 상대를 사랑할 수 없다면
그 사람과는 결혼하지 않는 게 좋다**

해가 갈수록 결혼하지 않는 사람들이 늘고 있다. 그러나 그 사람들 모두가 결혼에 흥미가 없는 것은 아닌 듯하다. 사실은 결혼에 상당한 흥미를 갖고 있지만 이대로 가면 결혼하지 못할 것 같으니 무관심을 가장한 허세를 부리고 있는 이들도 많다.

만약 당신이 누군가에 대해 '이 사람과 결혼해도 될까?'라고 망설이고 있다면 한 가지 팁을 말해 주고 싶다. 이를 판단하는 기준을 아침에 보는 상대방의 모습에서 판단하라는 것이다.

아침에 보는 상대를 사랑할 수 있다면, 그 사람과는 결혼해도 좋다. 반대로 아침에 보는 상대를 사랑할 수 없다면, 그 사람과는 결혼하지 않는 게 좋다.

특히 자고 일어날 때는 그 사람의 모습이 있는 그대로 드러나는 법이다.

제아무리 날씬한 미인도 자고 일어나 흐트러진 모습이 생리적으로 받아들여지지 않을 때도 있다. 설사 제아무리 꽃미남 엘리트라도 자고 일어났을 때 나는 지독한 입 냄새가 생리적으로 받아들여지지 않을 때도 있다. 농담이 아니라 이런 사사로운 것들이 결혼 후에는 중요해진다.

예를 들어 나는 여자의 입 냄새에 지나칠 정도로 까다롭다. 여자는 입 냄새가 심하면 안 된다는 게 아니다. 자고 일어나면 그 어떤 미인이라도 입 냄새가 나는 법이니 말이다. 그러나 나 같은 경우 '자고 일어난 후 입 냄새가 심하지만, 이 친구 정도면 넘어갈 수 있겠군'이라고 생각되는 여성과는 인연을 느낀다는 뜻이다.

반대로 '엄청난 미인이지만 이 입 냄새는 좀처럼 참을 수가 없네'라는 생각이 드는 여성에게는 인연을 느끼지 못한다.

물론 그 밖에도 다양한 면에서 본능이 작용하겠지만, 냄새라는 것은 매우 중요한 판단 재료이지 않을까. 구취뿐만 아니라 체취도 마찬가지다.

그 사람의 땀 냄새를 사랑할 수 있다는 것은 그 사람을 좋아한다는 확실한 증거다.

그 사람의 땀 냄새를 사랑할 수 없다면, 사실은 그 사람을 사랑하지 않는 것이다.

사람의 자고 일어난 모습은 배설 행위 다음으로 추한 모습이 아닐까? 상대의 그런 추한 모습까지 사랑스럽게 여길 수 있는가는 상대에 대한 나의 진심을 판단하는 재료로 안성맞춤이라고 할 수 있다. 이것만큼은 노력에 의한 것이 아니라, 본능 그 자체에 의한 것이기 때문이다.

결혼 상대를 찾고 싶다면
자고 일어난 모습에 주목해 보자.
본능적으로 상대를 사랑할 수 있다면
그 사랑은 진짜다.

아침에 행복하게 일어나는 사람이 인생의 승자다

연인과의 사이에서

매너리즘을 느낀다면

조조 데이트를 활용해 볼 것

chapter
6

인생의 승부는 아침에 결정된다

 44 ——

**아침 첫 비행기에는
운 좋은 사람들이 모여 있다**

나는 직장인 시절에 연간 50회 이상 비행기를 탔다. 덕분에 마일리지 카드는 점점 업그레이드되었고, 대기 시간에는 널찍한 라운지에서 우아하게 일에 몰두할 수 있었다.

내가 비즈니스를 하면서 특히 많이 이용한 것이 아침 첫 비행기다. 처음에는 단순한 이유였다. 첫 비행기는 운임이 엄청나게 저렴했기 때문이다. 간단히 말해 경비 삭감을 위해 시험 삼아 타보자고 생각했던 것이다.

그러나 결론적으로 아침 첫 비행기 이용은 정말 최고의 선택이었다. 내 인생을 대대적으로 바꿨다고 해도 과언이 아닐 정도로 말이다.

우선 아침 첫 비행기는 대개 아침 6시경에 있기 때문에 비행기를 타기 위해서는 무조건 아침 첫 전철을 타고 공항으로 가야 한다.

즉, 모든 것이 아침 첫 번째의 연속인 것이다.

이처럼 아침부터 첫 번째가 계속되면 점차 아침 첫 번째의 면면을 깊이 알게 된다. 얼핏 '아침 첫 비행기에는 졸린 사람들이 많다'고 생각할지도 모르지만, 그건 잘못된 생각이다. 특히 프리미엄 좌석에 앉아 있는 아침 첫 비행기의 비즈니스맨들은 활기차고 진지한 눈길로 자료를 들여다보거나 우아하게 독서에 몰두해 있기 마련이다.

실제로 아침 첫 비행기는 비교적 한산하기 때문인지 저명인이나 경제지에 자주 등장하는 대기업 사장들을 쉽게 볼 수 있다. 체구가 작은 유명 여성 연예인이 내 옆에 탄 적도 있었는데, 비행기에서 내릴 때 내가 머리 위 선반의 짐을 꺼내 주기도 했다.

또 아침 첫 비행기에서 독서 중인 한 유명한 회사의 사장을 목격하고는 내 독서 습관에 한층 더 박차를 가하기도 했다. 당시 나는 책을 내고 싶어도 내지 못하고 있었는데, 그 때문인지 저자와 함께 비행기를 타면 그것만으로도 묘하게 흥분되곤 했다.

아침 첫 비행기에는 틀림없이 운이 좋은 사람들이 모여 있다.

매번 그들과 함께했던 나는 자연스럽게 그들의 운을 나눠 받았다고 생각한다. 그래서 나는 쌓인 마일리지를 금품으로 바꾸는 대신 매번 좌석을 업그레이드시키는 데 썼다. 이름도 알려지지 않은 가난한 시절부터 적극적으로 일류급인 사람들과 같은 공간에서 함께하려고 생각했던 것이다.

일류급과 같은 공간을 공유하면
나 자신의 등급도 올라간다.
인생을 바꾸고 싶다면
아침 첫 비행기를 이용하자.

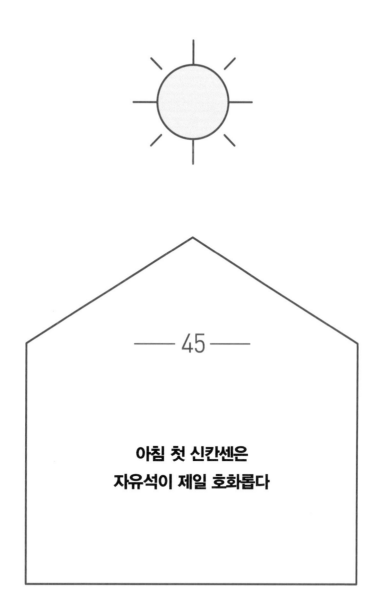

— 45 —

**아침 첫 신칸센은
자유석이 제일 호화롭다**

비행기에 이어 신칸센(新幹線) 역시 아침 첫차를 추천한다. 아침 첫 신칸센을 탄 적이 있는 사람이라면 알겠지만, 가장 여유롭게 공간을 쓸 수 있는 것은 특석이 아니라 자유석이다.

아침 첫 신칸센의 자유석은 혼자서 세 좌석은 너끈히 차지할 수 있을 정도로 비어 있다. 오히려 아침 첫 신칸센은 지정석이나 특석이 인구 밀도가 높은 편이다. 특석을 이용하는 이들 중에는 일을 잘하는 사람이 많고, 그런 사람들은 대부분 아침 일찍부터 움직이기 때문에 결과적으로 좌석이 그다지 비어 있지 않은 탓이다.

당신이 아직 말단 직원이지만 그래도 우아하게 출장을 가고 싶다면 신칸센은 아침 첫 자유석을 추천한다.

그러면 빈자리 때문에 눈치 싸움을 할 필요도 없으니 정신 건강에도 좋다. 물론 자유석에는 아침부터 깊은 잠에 빠진 승객도 많다. 그러나 당신처럼 '계획적으로' 자유석을 고른 승객도 많다. 그런 승객은 열심히 일하고 있기 때문에 금세 알아볼 수 있다. 얼굴도 이름도 모르는 사이지만, 장차 성공할 사람이라는 의미로 서로에게 적절한 자극을 줄 수도 있다.

나도 20대 시절에는 아침 첫 신칸센의 자유석을 종종 이용했다. 그러면서 열심히 노력하는 이들을 보며 '좋아, 나도 실력을 보여주겠어!'라고 의욕을 불태우고는 했다. 특히 도쿄(東京)─신오사카(新大阪) 구간에서는 2시간 정도 넉넉히 일에 몰두할 수 있었기 때문에 그야말로 움직이는 사무실처럼 이용을 했다. 특별한 일이 아니면 나는 그 시간 동안 책 한 권을 속독했다. 그런 뒤 방문한 거래처에서 흐름이 내 쪽으로 오면 슬쩍 '오늘 아침에 읽은 책' 이야기를 꺼냈고, 그러면 신기하게도 거래가 척척 풀리곤 했다.

그리고 어느 정도 출세를 했다면, 설령 자기 돈으로 업그레이드하더라도 특석에 앉는 것이 좋다. 특히 이 책의 독자라면 앞으로 성공할 가능성이 높을 테니

신칸센 특석은 시간과 공간에 대한 확실한 투자라고 생각하는 게 좋다.

특석에 앉아 보면 알겠지만, 일단 차내 분위기가 다르다. 이는 승객의 등급이 다르고, 그들이 자아내는 분위기가 다르기 때문이다. 위쪽 스테이지의 분위기에 익숙해져 가는 과정이야말로 당신을 성장시킨다고 할 수 있다.

아침 첫 신칸센의 승객은 열심히 일하고 있다.
성장하고 싶다면 아침 첫 자유석을 이용하자.

인생의 승부는 아침에 결정된다

**높은 사람이 매일 아침
찻집에서 모닝 세트를 먹고 있다면
그것은 기회다**

지방은 옛날부터 찻집에서 판매하는 모닝 세트(싸게 제공하는 간단한 아침 식사—옮긴이)가 변함없는 인기 메뉴다. 모닝 세트를 먹고 출근하는 직장인이 드물지 않다.

나 역시 얼마 전까지 일 때문에 신오사카 시내에 들를 때마다 항상 정해진 카페에서 모닝 세트를 먹었다. 도내에서도 하치오지(八王子)나 고가네이(小金井), 하무라(羽村) 시를 비롯해 여러 곳에서 일을 한 적이 많았는데, 그곳에서도 비슷한 아침 풍경을 볼 수 있었다. 특히 사장들 중에도 모닝 세트를 먹고 출근하는 이들이 꽤 많은 것을 보았는데, 나도 지방 출신이라 모닝 세트를 무척 좋아해 종종 사 먹곤 했다.

그리고 그곳에서 일부러 나를 기다리던 고문처 회사 직원에게 붙잡혀 질문 공세를 받은 적도 한두 번이 아니다. 나 역시 다른 사람에게 그런 일을 수차례 한 적이 있기 때문에 피차일반이었다.

높은 사람이 매일 아침 찻집에서 모닝 세트를 먹고 있다면 그것은 절호의 기회라고 할 수 있다. 물론 바쁜 아침 시간에 일부러 붙들고 늘어져 폐를 끼치면 안 되지만, 매일 찻집에 들러 얼굴을 익히다가 자연스럽게 말을 걸 수 있는 관계가 되는 정도는 충분히 가능하다.

카페 주인이 소개할 수도 있고, 당신이 먼저 몇 차례 가볍게 인사를 하는 사이에 상대가 당신에게 흥미를 갖게 될 수도 있다.

어쨌든 상대방에게 관심이 많다는 분위기를 풍기면서

황송해서 스스럼없이 말을 걸 수 없다는 분위기를 전하면 완벽하다.

혹시 운 좋게 상대방에게 명함을 받았다면, 그날 바로 감사의 엽서를 보낸 뒤 조금씩 친분을 다지며 가까이 다가가면 된다. 신기하게도 사람은 같은 공간에서 '식(食)'이라는 본능적인 행위를 함께하면

묘한 동료 의식이 싹트는 법이다.

이처럼 지위가 꽤 높으신 분도 찻집에 모닝 세트를 먹으러 다니곤 하기 때문에 그곳은 우연한 만남을 위한 숨은 핫 스팟인 셈이다.

내가 찻집의 모닝 세트를 좋아하게 된 것은 유년 시절부터 할아버지가 종종 데려가 주셨기 때문인데, 당시에도 나는 지역의 이름난 회사를 경영하는 사장 같은 유명한 사람을 그곳에서 종종 발견하곤 했다.

기회는 의외일 만큼
가까운 장소에 숨어 있다.
아침의 찻집은 높은 사람에게 다가갈 수 있는
만남의 숨은 명소.

 47

**매일 아침 한 정거장 먼저 내려
새로운 길로 출근해 보자**

직장인 시절 나는 종종 출근길을 바꿔 보곤 했다. 출근길을 바꾼다고 해서 딱히 거창한 것은 아니다. 원래 다니는 길에서 살짝 벗어나 옆길로 들어가 본다든가 일부러 좀 멀리 돌아가는 정도를 말한다.

나는 일부러 여유 있게 집에서 나온 뒤 내려야 할 정거장보다 한 정거장 먼저 내려 회사를 향해 걷곤 했다. 등잔 밑이 어둡다고, 낯선 길을 걷다 보면 의외의 길을 발견할 때도 있었다. 신기하게도 이를 일에 적용한 적도 정말 많았다.

당신도 한 정거장 먼저 내려 걸어서 출근해 보면 어떨까?

매일 아침 한 정거장 정도 걷기만 해도 운동 부족 해소에 도움이 될 수 있다. 낯설고 새로운 길을 개척하면서 두뇌 트레이닝에도 도움을 줄 수 있다.

이렇게 계속 출근길을 조금씩 바꾸다 보면 생각지도 못한 발견을 하거나 만남의 기회를 가질 수도 있다.

실제로 나 역시 들키면 안 될 비밀을 우연히 내게 들켜 상대의 약점을 쥐게 된 적도 있고, 친하지 않았던 직장 동료와 우연히 만나 친해지게 된 적도 있다. 또 회사 사람들은 아무도 모르는 회사 근처의 숨은 카페를 발견해 일하다 말고 종종 거기서 게으름을 피우며 사색에 잠긴 적도 있다. 아무도 모르는 지름길을 찾아낸 덕에 마지막 전철 시간까지 일하다가도 침착하게 전철을 탈 수도 있었다. 한 정거장 앞에서 내려 매일 아침 새로운 길을 찾는 것이 나의 생존 능력을 키워줬던 것이다.

독립한 지금도 이 비롯은 변함이 없다. 나는 매일 같은 코스를 산책하지 않는다. 반드시 익숙한 길에서 벗어나 다른 길로 가 본다. 그러면 막다른 길에 이르기도 하고 샛길을 발견하기도 한다.

막다른 길임을 알게 되는 것도 새로운 발견이고, 샛길을 발견하는 것도 새로운 발견이다. 어느 쪽이든 뭔가 새로운 일을 하면 반드시 새로운 것을 발견할 수 있다.

인생도 이와 마찬가지다. 인생이라는 미로는 속속들이 살펴보지 않으면 아쉬울 때가 많다. 특히 인생길은 가장 빨라 보였던 길이 사실은 가장 돌아가는 길이고

가장 먼 것처럼 보였던 길이 가장 빠른 경우도 많다.

나는 매일 아침 새로운 길을 개척함으로써 인생이라는 미로를 예습하고 있는 것이다.

'매일 가는 길'을 살짝 벗어나면
뭔가 새로운 것을 발견할 것이다.
때로는 의외의 샛길을 발견하기도 한다.

— 48 —

여행지에서 아침 5시경에 산책을 하면
조식을 훨씬 맛있게 먹을 수 있다

료칸(旅館) 여행을 가면 꼭 아침 5시경에 숙소 근처를 산책해 보길 바란다.

모르는 곳에서 아침 일찍 산책을 하면 정말 기분이 좋아진다.

아침 5시경을 권하는 이유는 6시 정도가 되면 이미 사람들이 활동을 시작해서 시끄러워지기 때문이다. 특히 지방은 아침 6시쯤 되면 집에서 나오는 직장인이 꽤 많아 차에 시동을 거는 소리도 늘어나 편안한 분위기는 사라지게 된다. 하지만 아침 5시경은 아직 날은 어두컴컴하고 생활소음이라고 해봤자 주방에서 조식을 준비하는 소리와 신문을 배달하는 전동 자전거 소리 정도가 전부다. 그 정도 생활소음은 오히려 정취가 있다.

게다가 이른 아침에는 공기가 맑기 때문에 온몸에 신선한 산소를 공급해 힘이 샘솟고 전신의 세포가 활성화되는 것을 느낄 수 있다.

무엇보다 이른 아침 산책의 묘미라고 하면, 뭐니 뭐니 해도 그 지역 특유의 냄새를 맡을 수 있다는 것이다. 냄새라니, 대단히 편집증적인 이야기를 한다고 생각할지도 모르지만 나에게 여행의 목적은 그 지역 냄새를 몸으로 기억해 가는 것이다.

그 지역의 냄새란 흙냄새를 말한다. 그 지역의 모든 것이 포함

된 흙은 그 지역의 생명을 지탱하고 있다. 흙이 없으면 우리의 생명은 없다. '신토불이'라는 말처럼 사람은 자기가 나고 자란 지역에서 키운 제철 식재료를 먹는 게 건강에 가장 좋다. 신토불이는 궁극적인 자연의 섭리인 것이다.

여행지에서는 그 지역 사람들의 신토불이를 충분히 맛볼 수 있다. 이른 아침 산책에서 돌아와 잠시 기다리면 료칸에서는 대개 아침 6시 반부터 조식을 차려 준다. 식전에 미리

그 지역의 신선한 공기와 흙의 향기를 음미하면, 조식이 한층 맛있어지는 것은 말할 필요도 없다.

흙과 생명은 떼려야 뗄 수 없는 관계다. 식사 전에 '잘 먹겠습니다'라고 외치는 것은 그 지역에서 길러진 식재료들의 생명을 '잘 먹겠습니다'라는 의미인 것이다.

여행을 가면 이른 아침 산책으로
지역의 에너지를 흡수하자.
신선한 공기와 흙의 향기를 미리 음미하면
조식을 한층 더 맛있게 먹을 수 있다.

— 49 —

**TV 뉴스는 심야보다
아침 5시경이 더 재밌다**

많은 사람들이 TV를 즐겨 본다. 조간신문 읽기가 귀찮아 뉴스는 귀가 후 저녁 뉴스로 몰아서 보는 사람들도 많다. 또 매일 인터넷 뉴스만 체크하는 이들도 늘어나고 있다. 나도 그중의 한 명이다.

혹시 당신이 TV파라면 꼭 한번 아침 5시경 뉴스를 보길 바란다.

나는 지방 출장을 갈 때면 숙소 TV로 아침 뉴스를 보곤 하는데, 아나운서가 지역 뉴스를 읽고 있는 목소리를 듣다 보면 낮 시간에 하는 뉴스보다 훨씬 활기차다는 것을 느끼게 된다.

아침 뉴스가 활기찬 이유는 시청자들을 잠에서 깨우기 위해서일 텐데, 그래선지 아나운서도 활기찬 모습으로 시작하려는 모습을 보인다. 실제로 조조 뉴스의 아나운서는 심야 뉴스와 비교했을 때 확실히 컨디션이 좋아 보인다.

물론 유심히 들어 보면 조조 뉴스 아나운서가 심야 뉴스 진행자보다 말실수를 많이 한다는 것을 알 수 있다. 프로인 만큼 잠이 덜 깨서 혀가 꼬이는 식의 실수는 많지 않지만, 그래도 아직 머릿속이 풀가동된 상태는 아닌 탓인 것 같다.

하지만 조조 뉴스는 무엇보다 활기가 중요하기 때문에 그 정도면 충분하다.

아나운서의 인간미와 뉴스 그 자체의 신선함을 맛볼 수 있으면 된다. 참고로 나는 대학 시절에 자명종이 아니라 TV로 알람을 맞추곤 했다. 자명종은 무의식적으로 끄고 다시 자 버릴 때가 많지만, TV는 눈은 그대로 감은 채 소리만 들으며 화면을 상상하는 사이에 잠에서 깨기 때문이다.

'이런 목소리라면 분명히 미인일 거야'라고 상상하며 눈을 번쩍 뜨면 여성 진행자의 모습이 상상 이상이거나 상상과 전혀 다를 때도 있었다. 어쨌든 그러면서 완전히 잠에서 깨곤 했다.

아침 5시경 TV 뉴스는 오후 뉴스에 없는
좋은 컨디션과 활기가 넘치고 있다.

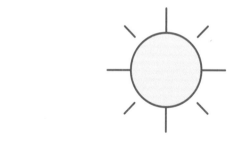

— 50 —

**프리랜서의 묘미는
아무리 이른 아침에도
일을 시작할 수 있는 것이다**

내 책의 독자들 중에서도 직장 생활 대신 강력하게 프리랜서를 원하는 이들이 많을 것이다. 이렇게 프리랜서를 원하는 사람들이 내게 가장 많이 하는 질문이 "프리랜서의 최고 묘미는 뭔가요?"라는 질문이다.

내 대답은 이른 아침에도 일을 시작할 수 있다는 것이다. 기본적으로 프리랜서로 독립해서 성공하는 사람은 하루 세 끼 밥을 먹는 것보다 일이 좋은 사람이다. 즉, 일이 너무 좋은 나머지 출근 시간조차 없었으면 하는 사람, 아침에 일어나면 곧바로 일을 시작하고 싶은 부류의 사람들이 성공할 수 있다는 뜻이다.

사실 나 역시 지금 이 원고를 일요일 새벽에 집필하고 있다. 화장실에 가려고 일어났다가 잠이 달아나고 말았기 때문이다. 일어난 순간 이미 집필 모드에 들어간 것이다. 하지만 직장인의 경우, 한밤중 3시에 눈이 떠지면 "앗, 아직 3시밖에 안 됐잖아. 아까워라" 하며 허둥지둥 다시 잠을 자려고 할 것이다. 그러나 이와 반대로 프리랜서로 일하면 얼마든지 자기가 원하는 방향으로 환경을 조정할 수 있기 때문에 그럴 맘이 생기면 언제 어디서도 일을 시작할 수 있다.

'프리랜서로 독립해서 성공하면 직장인 때와는 달리 계속 푹 잘 수 있어'라고 생각하는 사람도 성공할 수는 있겠지만, 실제로 그렇게 해서 성공한 사람은 많지 않다. 진정한 성공은

자기가 좋아하는 일을 하고 싶을 때 할 수 있는 것이다.

프리랜서로 독립하고 나서도 돈 때문에 싫어하는 일을 꾹꾹 참아가며 하는 사람은 진짜 성공한 사람이라고 할 수 없다. 돈이 된다는 이유만으로 싫어하는 일을 억지로 하다 보면, 인생을 전부 싫어하는 일로 채우는 지옥에 빠질 수밖에 없다. 그렇게 되면 직장을 탈출한 보람이 없다.

내 주위의 성공한 사람들은 전부 자기가 좋아하는 일을 직업으로 삼아 성공한 행복한 사람들이었다. 편하게 일할 수 있기 때문에 독립하는 게 아니라, 일이 즐겁기 때문에 독립한 것이다. 프리랜서로 독립하면 누구의 간섭도 받지 않고 마음껏 일할 수 있는 게 최고의 행복인 것이다.

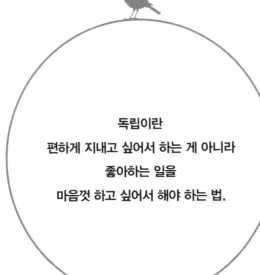

독립이란
편하게 지내고 싶어서 하는 게 아니라
좋아하는 일을
마음껏 하고 싶어서 해야 하는 법.

 51 ——

**아침 햇살을 맞으면서 스트레칭하는 습관은
전신의 세포를 활성화시킨다**

나는 컨설턴트 시절 여러 회사의 고위 간부들과 많은 일을 했다. 그리고 그중에서도 특별히 친해진 사람들은 내게 자신들의 건강 유지 비결을 가르쳐 주곤 했다.

사람은 재력과 지위를 얻으면 결국 불로불사를 추구하게 된다.

그래서 경영자 모임에서는 반드시라고 해도 좋을 만큼 건강 이야기가 화제가 된다. 사실 일반인들 사이에서 화제가 되는 건강보조제나 건강법은 경영자들 사이에서는 이미 수십 년 전부터 상식에 불과했던 것들이 대부분이다.

직장인 시절 전국의 경영자들을 대상으로 대형 세미나를 개최하며 여러 협찬 기업들의 부스를 설치한 적이 있었는데, 그때도 최고의 인기는 건강 관련 상품 부스였다. 그중에는 눈이 튀어나올 정도로 고가인 상품도 있었지만 그야말로 날개 돋친 듯이 팔려나갔다.

그런데 건강 마니아라고 할 수 있는 경영자들이 가르쳐 준 비결에는 한 가지 공통점이 있었다. 건강기구나 건강보조제에 관해서는 모두 자기만의 지론이 있어서 저마다 선호하는 제품이 달랐지만, 한 가지 생활 습관에 관해서는 확실히 일치했는데, 바로 아침 햇살을 맞으면서 스트레칭을 하는 습관이었다. 물론 스트레칭을 하는 방식은 제각각 달랐다. 태극권을 수련하는 사람이 있는가 하면, 학창 시절 배웠던 맨손 체조를 꾸준히 하는 사람도 있었다. 혹은 이른 아침 걷기가 하루 일과라는 사람도 있었고, 독자적인 팔 흔들기 운동을 하는 사람도 있었다.

이처럼 수십 년씩 자기만의 운동을 지속하고 있는 사람들은 대개 10분 이내, 아무리 길어도 30분 안에 끝낼 수 있는 가벼운 스트레칭을 하고 있었다. 땀을 흠뻑 흘릴 정도로 격렬한 운동을 수십 년간 계속하는 것은 불가능하기 때문이다. 그리고 또 하나 중요한 게 바로 '아침 햇살을 맞으면서' 운동을 한다는 것이다.

태극권도, 맨손 체조도, 워킹도, 팔 흔들기 운동도 모두 아침 햇살을 맞으면서 해야 비로소 효과가 있는 것이다.

나 역시 지금도 매일 아침 햇살을 맞으면서 스트레칭을 하고 있다. 이렇게 아침 햇살을 맞으면서 스트레칭을 하면 전신의 세포가 활성화되는 것을 느낄 수 있다.

아침 햇살은
생명을 활성화시키는 에너지로 가득 차 있다.

— 52 —

**오늘도
아침에 눈뜰 수 있었던 것에
감사하자**

'감사'가 중요하다는 것은 누구나 잘 알고 있다. 감사하는 마음을 가지면 마음이 정화되는 느낌이 들면서 기분이 좋아진다. 이는 틀림없는 사실이다.

반대로 감사하는 마음을 잊게 되면 다양한 문제가 발생한다.

실제로 모든 문제의 원인을 끝까지 파고들면 '감사의 마음을 잊고 있었기 때문'이라는 것을 깨닫게 된다.

회사 매출이 떨어지는 진짜 원인은 고객에게 감사하는 마음을 잊고 있었기 때문이다. 인간관계에 문제가 생기는 진짜 원인은 주위 사람에게 감사하는 마음을 잊고 있었기 때문이다. 컨디션이 안 좋은 진짜 원인은 내 몸에 감사하는 마음을 잊고 함부로 몸을 다뤘기 때문이다. 틀림없이 우리가 감사하는 마음을 잊을 무렵 자연의 섭리가 어떤 문제를 발생시켜 감사하는 마음을 다시 떠올리게 해주는 것이리라.

어딘지 종교적인 이야기처럼 들릴지도 모르지만, 그렇지 않다. 자연계라는 것은 대단히 복잡해 보이지만 사실 대단히 단순하다. 종교에는 '벌을 내린다'는 가르침이 있지만, 자연계에서는 벌을 내리지 않는다. 자기가 만든 원인으로 인한 결과가 돌고 돌아 자기에게 다시 돌아올 뿐이다.

금세 돌아오는 경우는 동등한 결과가 돌아온다. 그러나 시차를 두고 돌아오는 경우는 눈덩이처럼 불어난 이자가 붙어 돌아오게 된다.

좋은 일을 하면 좋은 일이 돌아오고, 나쁜 일을 하면 나쁜 일이 돌아온다고 생각하는 사람들이 많은데 사실 자연계에서는 원래 선악의 구별이 존재하지 않는다. 선악은 사람이 마음대로 정한 것일 뿐, 자연계는 그저 담담히 균형을 취하려 할 뿐이다.

학창 시절 과학 시간에 진자의 움직임을 본 적이 있을 것이다. 그 진자의 리드미컬한 움직임이야말로 자연계의 축소판이라고 할 수 있다. 오른쪽으로 흔들린 진자는 다음에 왼쪽으로 흔들리려고 한다. 그리고 왼쪽으로 흔들린 진자는 다시 오른쪽으로 흔들리려고 한다. 자연계는 오로지 이것의 반복일 뿐이다.

인류의 역사가 정(靜)과 동(動)을 반복하는 것도 선악의 문제가 아니라, 그저 자연의 섭리에 조용히 따르고 있을 뿐인 것이다. 벽에 부딪친 당신이 제일 먼저 해야 하는 것은

아침에 눈이 떠진 것에 감사하는 것이다.

감사하는 마음을 떠올리면, 감사를 잊어버림으로써 일어난 모든 문제를 해결할 실마리를 잡을 수 있다.

감사하는 마음을 잊어버리면
다양한 문제가 발생한다.
그럴 때 아침마다 감사하는 마음을 떠올리면
해결의 실마리를 잡을 수 있다.

행복한 인생의 힌트는

모두 아침에 있다

인생의 승부는 아침에 결정된다

초판 1쇄 인쇄 2019년 12월 1일
초판 1쇄 발행 2019년 12월 10일

지은이 | 센다 다쿠야
옮긴이 | 채숙향
펴낸이 | 윤희육
편집 | 신현대
디자인 | 김윤남
마케팅 | 석철호

펴낸곳 | 창심소
등록번호 | 제2017-000039호
주소 | 경기도 파주시 문발로 405(신촌동) 307호
전화 | 070-8818-5910
팩스 | 0505-999-5910
메일 | changsimso@naver.com

ISBN 979-11-968564-0-3 03320

이 도서의 국립중앙도서관 출판예정도서목록(CIP)은 서지정보유통지원시스템 홈페이지
(http://seoji.nl.go.kr)와 국가자료공동목록시스템(http://www.nl.go.kr/kolisnet)에서
이용하실 수 있습니다. (CIP제어번호: CIP2019046365)